# 대한민국 대통령의
# 사주 분석과 미래

# 대한민국 대통령의
# 사주 분석과 미래

초판 1쇄 발행 2021년 05월 31일

지은이 설암雪庵
펴낸이 장현수
펴낸곳 메이킹북스
출판등록 제 2019-000010호

디자인 안영인
편집 안영인
교정 강인영
마케팅 오현경

주소 서울특별시 금천구 가산디지털1로 142, 312호
전화 02-2135-5086
팩스 02-2135-5087
이메일 making_books@naver.com
홈페이지 www.makingbooks.co.kr

ISBN 979-11-91472-59-2(03810)
값 14,000원

ⓒ 설암雪庵 2021 Printed in Korea

잘못된 책은 구입하신 곳에서 바꾸어 드립니다.
이 책의 전부 또는 일부 내용을 재사용하려면 사전에 저작권자와 펴낸곳의 동의를 받아야 합니다.

홈페이지 바로가기

메이킹북스는 저자님의 소중한 투고 원고를 기다립니다.
출간에 대한 관심이 있으신 분은 making_books@naver.com으로 보내 주세요.

대통령은 되어야 할 사람이 되어야 한다.

# 대한민국 대통령의 사주 분석과 미래

• 설암雪庵 지음 •

★ 역대 대통령 9인의 사주 분석
★ 대권 주자 5인의 사주 분석
★ 성공적인 한국 대통령의 사주학적 조건 분석
★ 대권 주자 5인의 국정 운영 능력의 사주학적 분석
★ 대한민국 국운을 융성하게 할 대통령 사주 모델
★ 미래 대권 주자들과 정치인에게 던지는 조언
★ 현 정부를 위한 사주학적 조언

메이킹북스

# 목차

- ◎ 서문 ... 6
- ◎ 첫 강의 - 개론 ... 10
- ◎ 두 번째 강의 - 박정희 대통령 사주 ... 13
  - 박정희 대통령의 대통령으로서의 사주 분석 ... 13
  - 육영수 여사 사주 분석 ... 25
  - 박 대통령 사주의 대통령으로서의 사주 장단점 ... 30
- ◎ 세 번째 강의 - 바람직한 대한민국 대통령의 사주 유형 ... 32
- ◎ 네 번째 강의 - 이승만 대통령의 사주 분석 ... 37
- ◎ 다섯 번째 강의 - 전두환 대통령의 사주 분석 ... 42
- ◎ 여섯 번째 강의 - 노태우 대통령의 사주 분석 ... 49
- ◎ 일곱 번째 강의 - 이명박 대통령의 사주 분석 ... 55
- ◎ 여덟 번째 강의 - 노무현 대통령의 사주 분석 ... 60
- ◎ 아홉 번째 강의 - 박근혜 대통령의 사주 분석 ... 67
- ◎ 열 번째 강의 - 김대중 대통령의 사주 분석 ... 73
- ◎ 열한 번째 강의 - 김영삼 대통령의 사주 분석 ... 78
- ◎ 열두 번째 강의 - 문재인 대통령의 사주 분석 ... 84
- ◎ 열세 번째 강의 - 전직 대통령 사주 분석 총론 ... 88
  - 박정희 대통령 사주 분석 총론 ... 88
  - 이승만 대통령 사주 분석 총론 ... 90
  - 전두환 대통령 사주 분석 총론 ... 92
  - 노태우 대통령 사주 분석 총론 ... 93
  - 노무현 대통령 사주 분석 총론 ... 94
  - 이명박 대통령 사주 분석 총론 ... 95
  - 박근혜 대통령 사주 분석 총론 ... 96

- 김대중 대통령 사주 분석 총론 ... 97
- 김영삼 대통령 사주 분석 총론 ... 98

◎ 열네 번째 강의 - 미래 대통령의 희망 사주 ... 99
◎ 열다섯 번째 강의 - 미래 대권 주자들과 정치인에게 던지는 조언 ... 103
◎ 열여섯 번째 강의
   - 대한민국 대통령에 따른 국가의 미래와 남북통일의 사주학적 판단 ... 113
◎ 열일곱 번째 강의 - 대권 주자들의 사주 분석 ... 119
- 윤석열 전 검찰총장 사주 분석 ... 119
- 이재명 경기도 지사의 사주 분석 ... 123
- 이낙연 전 총리의 사주 분석 ... 128
- 안철수 국민의 당 대표의 사주 분석 ... 131
- 정세균 전 총리의 사주 분석 ... 134

◎ 열여덟 번째 강의
   - 잠정적 대권 주자 다섯 명의 대선 승리 가능성 및 직무 능력의 사주학적 판단 ... 138
- 대권 주자 다섯 명의 대한민국 대통령으로서의 기본적인 필요충분조건 비교 ... 139
- 차기 대통령 당선 가능성 ... 143
- 평화적 남북통일을 위한 디딤돌 구축 가능성 ... 146
- 원만한 국제 외교 가능성 ... 150
- 국가 및 국정 통제 능력 ... 158
- 국내 경제 도약 가능성 ... 163
- 국민 통합 가능성 ... 165
- 창의적 국정 운영 가능성 ... 170

◎ 열아홉 번째 강의 - 미래 대통령의 이상적인 사주 유형 ... 174
◎ 스무 번째 강의 - 현 정부 남은 임기를 위한 사주학적 조언 ... 180
- 남북 정책 ... 180
- 주요 국가와의 외교 정책 ... 182
- 부동산 정책 ... 184
- 사회 공정성 ... 186
- 검찰 개혁 ... 187

◎ 마무리 글 ... 190

# 서 문

1948년 건국된 이래 오늘날까지 대한민국은 총 열두 분의 대통령이 열아홉 번의 취임식을 했다. 그분들 중에서 과도기 상태에서 대통령직을 수행한 윤보선, 최규하 두 분을 제외한 열 분의 대통령이 국민의 직접 선거 또는 간접 선거를 통해 합법적으로 대통령에 당선되어 직무를 수행하였고, 지금도 하고 있다.

그러나 안타까운 것은 이 열 분의 대통령 중 현직 대통령을 제외한 아홉 분의 전직 대통령 모두 취임할 때는 화려하게 등장하였으나, 끝은 그렇지 못했다는 것이다. 초대 대통령은 하야 후 망명하여 이국땅에서 서거하셨고, 한 분은 총성으로 돌아가셨으며, 한 분은 자결하였으며, 세 분은 퇴임 후 현행범이 되어 교도소로 가서 아직 한 분은 수감 중이며, 또 한 분 역시 탄핵 후 교도소에 아직 수감 중이다. 그리고 두 분은 교도소 가는 일은 없었지만 임기 후반에 자식들 문제로 큰 오점을 남기어 결국 명예로운 퇴임을 하지 못했다.

이 무슨 기막힌 일인가?

현직 대통령 한 분을 제외한 아홉 분 모두 개인적으로는 대통령으로서 절대 겪지 말아야 하는 치욕과 오욕, 불명예를 겪고 말았고, 국가적으로는 부끄럽고 통탄할 역사를 만들었으니 누구를 탓해야 하는가? 그리고 왜 이런 기막히고 통탄할 일이 수십 년 넘게 반복되고 있는가? 또 언제까지 이 안타까운 일이 지속될 것인가? 아니, 언제 이 굴욕의 역사를 종식할 수 있는가? 조만간 현직 대통령마저도 또 그 수렁으로 들어가게 되는 것은 아닌가? 우리는 언제쯤 멋들어지게 취임하여 멋들어지게 퇴임한 후에도 많은 국민의 존경과 사랑을 받는 그런 대통령을 만나게 되나? 우리는 언제까지 국민이 대통령을 걱정해야 하는가?

아! 참으로 부끄럽고 또 부끄러울 따름이다.

그러나 오늘도 뭇 사람들은 대통령직을 놓고 치열하게 싸운다. 불명예를 서로 뒤집어쓰겠다고 싸우고, 서로 부끄러움을 자기들이 가지겠다고 싸운다. 오욕의 역사, 치욕적 상황을 서로 만들겠다고 싸우고 또 싸운다. 프레임을 만들어 싸우고, 거짓과 헛말로 싸우며, 북한을 끌어들여 싸우고, 중국,

일본, 미국 등 닥치는 대로 잡아당겨 싸운다. 옳고 그름이 떠난 지 오래고, 사랑과 공정과 정의가 사라진 지 오래다.

　대통령은 되어야 할 사람이 되어야 한다.
　그런데도 편 가르기로 되려고 하고, 욕지거리로 되려고 한다. 목에 핏대를 세워서 되려고 하고, 모함하고 뒤집어씌워서 되려고 한다. 여하튼 당선되는 것만을 목적으로 여기며 덤비고 엉키고 자빠지며 오두방정을 떤다. 가관이 따로 없다.

　대통령은 공부를 잘 한다고 되는 것이 아니다. 대통령은 키가 크고 목청이 크고 힘이 세다고 되는 것이 아니다. 그렇다고 조직의 힘이 강하고 지지자가 많다고 되어서도 안 된다. 해야 하는 사람이 해도 쉽지 않을 길인데, 해서는 안 되는 사람, 대통령의 기본 자격에 미달하는 자까지 나서서 서로 되겠다고 떠들고 난리다. 그러니 명예로운 퇴임은 애당초 기대하기 어렵고, 더구나 멋있게 존경받는 대통령이 있을 리 없다.

  이제 이 굴욕의 부끄러움을 끊자.

  대통령이 되어야 하는 사람을 온 국민이 열심히 찾아 그 직을 수행하게 하자. 그리고 멋있게 퇴임하고 존경받는 모습을 우리 모두 자랑스럽게 만나자. 역대 대통령들의 부끄러움과 오욕의 역사가 왜 생겨났는지 냉정히 분석하고 판단하여 다시는 이런 일이 생겨나지 않게 이번 기회에 끊자.

  그래서 이 글을 쓴다.

2021년 4월 5일 용문객잔에서

# 첫 강의
# - 개론

『이렇게 많은 분이 오셔서 강의에 참여하여 주셔서 대단히 고맙습니다. 마침 선거철이고 조만간 대선이 다가오기에 국민적 관심이 많은 사항이라는 것은 알지만 그래도 이렇게 많은 분이 오리라고는 생각지 못하였습니다. 강의 중에 궁금한 것이 있으면 언제라도 질문하시면 됩니다.』

"사주학을 중심으로 역대 대통령의 성패를 냉정히 분석한다고 들었는데 왜 사주학을 중심으로 분석하게 되셨나요?"

『잘 아시다시피, 우리는 열 분이 넘는 전직 대통령이 계십니다. 그러나 안타깝게도 아름답게 퇴임한 분도 없고, 더구나 국민으로부터 온당하게 존경받는 대통령도 없다고 생각합니다. 모두가 이런저런 이유로 퇴임 중이든 퇴임 후든 굴욕과 수치, 부끄러움의 대상이 되었습니다. 물론 그렇다고 그분들에게서 배울 것이 없거나 그분들이 한 일 모두가 부끄럽다는 것은 아닙니다. 다만 현실적으로 봐도 실형을 선고받고 교도소에 가신 분이 네 분, 자결하신 분이 한 분, 탄핵받으신 분이 한 분, 총에 암살당하신 분이 한 분, 하야하고 외국에서 쓸쓸히 서거하신 분이 한 분, 자식 문제로 불명예를 안고 퇴임하신 분이 두 분 등 어느 한 분도 그 말로가 아름다운 분이 없습니다. 안 그렇습니까?』

"예, 그렇습니다."

『저는 그분들의 공과를 따지려고 이 강의를 시작한 것이 아닙니다. 다만 왜 능력 있고 경륜 있는 그런 분들이 대통령을 한 후 굴욕의 늪에 빠졌는가를 냉정히 분석하여 다시는 이런 수치스럽고 부끄러운 역사를 되풀이하지 말자는 의미로 이 강의를 시작한 것입니다. 따라서 저는 그분들의 정치적, 국가적 행적이나 결실은 논하지 않을 것입니다. 오로지 정말 대통령이 되어야 하는 분이었는지, 왜 그분들 모두 그런 오욕의 늪에 빠지고 말았는지를 솔직 담백하고도 냉정하게 알려 다음 대통령부터는 정말 해야 할 사람이 대통령이 되어 멋있고 아름다운 전직 대통령의 역사를 우리도 지녀야 한다고 생각하기에 이 자리를 연 것입니다.』

"그러면 사주학으로 살피면 역대 대통령의 굴욕적 역사를 알 수 있다는 말씀인가요?"

『그렇습니다. 물론 사주학을 믿지 않는 분들이야 꿰맞추기 식 강론이라고 주장할 수 있겠지만 저는 그런 주장에 일절 신경 쓰지 않고 3000년의 역사를 지닌 사주학의 가르침대로 역대 대통령들의 사주를 한 분 한 분 냉정히 분석, 판단하여 정직하게 공개할 것입니다.』

"그러면 앞으로 대통령이 되어야 하는 사람의 조건도 사주학으로 알 수 있다는 말씀인가요?"

『당연합니다. 우리 대한민국과 대통령 본인을 위해 대통령의 사주학적 조건을 분명하게 제시할 것입니다.』

"그러면 전직 대통령의 사주를 통해 그분들의 말로가 왜 그렇게 되었는지 명확하게 알 수 있다는 말씀인가요?"

『그렇습니다.』

"그러나 우리 대부분은 사주학을 잘 모르기 때문에 선생님께서 설명하시는 내용이 맞는지, 틀리는지 알 수 없는데요?"

『그럴 것입니다. 그래서 최대한 가장 쉬운 방법으로 설명할 것입니다. 따라서 처음에는 조금 이해가 어려워도 점점 더 듣다 보면 논리의 정연함을 이해하게 될 것이고, 따라서 사주학에 의한 역대 대통령 말로의 원인을 알 수 있으리라 생각합니다.』

"그럼 역대 대통령 열두 분 모두의 사주를 분석하여 설명하실 것인가요?"

『아닙니다. 윤보선 대통령과 최규하 대통령과 현직 대통령은 제외하고 아홉 분의 전직 대통령의 사주를 분석하고 설명할 것입니다.』

"현직 대통령도 하면 안 되나요?"

『그것은 참으로 미묘한 일이므로 일부만 공개하고 판단할 것입니다.』

# 두 번째 강의
# - 박정희 대통령 사주

◇ 박정희 대통령의 대통령으로서의 사주 분석

『이제 박정희 대통령을 시작으로 본격적으로 강의를 시작하겠습니다.』
"박 대통령부터 하는 이유가 있으십니까?"
『특별한 이유는 없습니다. 굳이 이유가 있다면 제가 제일 처음 분석한 것이 이유라면 이유가 될 것입니다. 따라서 앞으로도 분석, 강의하는 순서는 아무 의미가 없음을 분명히 말씀드립니다.』
"역대 대통령의 사주를 판단하려면 그분들의 생년월일과 태어난 시를 정확히 알아야 할 텐데 그 자료는 어떻게 얻으셨나요?"
『솔직하게 대답하겠습니다. 그 자료는 인터넷에 있는 여러 자료 중에서 가장 신뢰성이 있다고 판단되는 자료를 사용하였습니다.』
"그러나 그 신뢰성이라는 것은 선생님 주관적인 것 아닌가요?"
『사주 판단 자체가 주관적입니다. 그리고 주관적 판단은 비단 사주학에만 국한된 것은 아닐 것입니다. 그러나 저의 주관이라고 생각하는 여러분의 생각에 변화가 있을 것이라고 저는 장담합니다.』

"선생님의 사주 판단 분석에 자신이 있다는 말씀인가요?"

『그렇습니다. 그리고 그 당당함이 없다면 오늘 이 자리를 오지도 않았을 것입니다. 따라서 저의 설명에 의문점이 있다면 언제라도 바로 질문하여 주시면 답해드리겠습니다. 그러다 보면 있을 수 있는 저의 오류를 여러분 스스로 알 수 있을 것이고, 그럼으로써 저의 판단과 설명의 객관성 정도도 알 수 있을 것입니다.』

"사주학에는 일반 사람들이 모르는 어려운 전문 용어가 매우 많다고 들었는데 그런 전문 분야를 어떻게 설명하시나요?"

『달리 방법이 있는 것은 아닙니다. 다만 최선을 다해 여러분들이 이해할 수 있게 설명하려고 노력할 것입니다. 자, 이제 박 대통령의 사주를 써 보겠습니다.』

---

박정희 대통령 사주
(생일: 1917년 양 11월 14일)

| 丁 | 辛 | 庚 | 戊 |
|---|---|---|---|
| 정관 | 겁재 |  | 편인 |
| 巳 | 亥 | 申 | 寅 |
| 편관 | 식신 | 비견 | 편재 |

| 2 | 12 | 22 | 32 | 42 | 52 | 62 | 72 |
|---|---|---|---|---|---|---|---|
| 庚 | 己 | 戊 | 丁 | 丙 | 乙 | 甲 | 癸 |
| 戌 | 酉 | 申 | 未 | 午 | 巳 | 辰 | 卯 |

---

『이 사주의 오행의 기운을 분석하여 보면 관성 火기운이 약 20.2%, 일간 金기운이 약 28.9%, 인성 土기운이 약 24.5%, 재성 木기운이 약 13.2%,

식상 水기운이 약 13.2%입니다. 따라서 오행을 모두 갖추고 있고 그 비율도 크게 차이가 나지 않아 일단 좋은 사주에 속합니다.』

"사주 속에 있는 신사합수申巳合水, 인해합목寅亥合木이 모두 고려된 것인가요?"

『사주학을 조금 공부하신 것 같습니다. 그것은 고려하지 않은 것입니다. 다만 그 합이 있으므로 오행의 기운이 상대적으로 약한 木기운과 水기운이 조금 더 강해지므로 오행 전체가 균형 있다고 판단할 수 있을 것입니다.』

"오행의 비율을 어떻게 계산하였나요?"

『그것은 사주학 원리와 저의 사주학 이론을 따른 것이므로 여기서 설명하려면 매우 긴 시간이 필요하기에 생략하겠습니다. 다만 강의 후 알고 싶은 분은 개인적으로 오시면 얼마든지 설명하여 드릴 것입니다.』

"오행의 균형과 비율이 사주 판단에 중요한가요?"

『예, 가장 중요하다고 해도 과언이 아닙니다. 이제 진행하겠습니다. 이 사주는 언뜻 보면 일간 庚이 亥월에 태어났으니 신약 사주처럼 보이지만, 아닙니다. 따라서 신약 사주로 판단하여 비겁이나 인성으로 용신을 잡으면 안 됩니다.』

"신약이니, 비겁, 인성, 용신이라는 말이 무엇인가요?"

『그것은 사주학에 자주 사용하는 전문 용어입니다. 사주를 판단하는 기본은 우선 사주를 추출 후 신약 사주인지, 신강 사주인지, 아니면 신약도 신강도 아닌 다른 형태의 사주인지 판단하는 것입니다. 그리고 비겁이니, 인성이니 하는 말은 사주 판단에 필요한 육신六神에 속하는 용어이고, 용신은 사주 판단에 핵심 keyword라고 할 수 있습니다. 이것들 역시 모두 설명하려면 긴 시간이 필요하므로 이 정도로 설명을 마치면 좋겠습니다.』

"위의 내용을 듣고 보니 용신을 추출하는 것이 매우 중요하고 어려울 것 같다는 생각이 드는데요?"

『그렇습니다. 이 용신을 잘못 추출하면 사주 판단이 엉뚱한 방향으로 가므로 매우 중요하다고 할 수 있습니다. 바로 그 실례가 이 박 대통령의 사주기도 하고요.』

"앞에서 오행의 균형을 말씀하셨는데 오행의 균형도 중요한가요?"

『사주학의 근원은 음양과 오행이고 그 음양과 오행의 균형과 조화의 정도가 핵심이라고 할 수 있습니다. 따라서 그런 면에서 보면 박 대통령의 사주는 오행을 모두 갖추고 있고 나름대로 균형이 잘 된 사주에 속한다고 할 수 있습니다. 그래서 처음에 사주가 좋다고 한 것입니다.』

"그럼 이 사주의 용신은 무엇인가요? 조금 전 신약처럼 보이지만, 아니라고 말씀하셨는데요."

『예, 이 사주의 오행 중 가장 강한 것은 일간 金기운이고 그다음으로 강한 것이 인성 土기운입니다. 그리고 그 두 기운의 합이 전체 오행의 기운 중 약 53.2%를 차지하고 있습니다. 그리고 土기운은 오행의 이론상 金기운을 돕고 있으므로 일간 金기운이 약하지 않다고 할 수 있습니다. 따라서 이 사주의 용신은 일간의 강한 기운을 조절하여 주는 관성 火기운으로 삼아야 합니다.』

"관성은 무엇이고, 왜 일간의 기운을 조절해야 하나요?"

『관성은 사주 육신 용어 중의 하나인데 한마디로 관운, 사회 운을 의미하는 것이고, 일간의 기운을 조절해야 하는 이유는 강한 오행이나 육신은 약하게, 약한 것은 강하게 하여 균형과 조화를 이루게 한다는 사주 원리에 따른 것입니다.』

"그럼 사주 속에 관성 火기운이 여럿 있는데 무엇을 용신으로 삼나요?"

『가장 먼저 눈에 띄는 용신 후보로는 연지年支의 巳 火 편관입니다. 그런데 이 巳는 사주 속의 申과 합을 이루어, 즉 申巳合水 형국이 되어 水기운으로 바뀔 수 있으므로 적합하지 않습니다. 그래서 차선으로 연간의 丁 火 정관으로 용신으로 삼게 됩니다. 그러면 관성을 돕는 재성 木운이 희신이 되고, 용신을 가장 힘들게 하는 기신 악운은 식상 水가 되며, 악운 기신忌神을 돕는 구신仇神은 비겁 金이 됩니다.』

"그러면 남은 오행 土는 무엇이 되나요?"

『남은 오행 인성 土는 악운 기신의 힘을 제어하므로 구신求神이 됩니다.』

"결국, 火운과 木운과 土운에는 운이 좋고, 金운과 水운에는 운이 나쁘다는 말인가요?"

『요약하면 그렇습니다. 물론 사주를 가지고 그 사람의 모든 운을 살피려면 이외에도 상당히 많은 요인을 살펴야 하지만 여기서는 대한민국이라는 국가와 대통령의 관계 및 왜 실패한 대통령이 대한민국에 계속 발생하는가에 국한하여 살피는 것이므로 더 깊게 설명하지 못함을 이해하여 주시기 바랍니다.』

"그럼 지금까지의 판단으로 박 대통령의 운 몇 가지를 실례로 설명하여 주시면 좋겠습니다."

『우선 사주의 대운을 보시기 바랍니다. 숫자 42부터 61까지, 즉 박 대통령이 42세 되는 해부터 61세 되는 해까지 20년은 대운이 모두 木운과 火운입니다. 따라서 대통령도 하고 장기 집권을 하였습니다. 특히 1963년 癸卯년, 47세 때에는 대운이 丙午로 모두 火운이고, 연운 癸卯의 癸는 水운으로 기신 악운이고, 卯는 木운으로 희신 운이니 당연히 좋은 운입니다. 따라서 좋은 운이 77%, 나쁜 운이 23%가 되어 대통령에 당선되었던 것입니다.』

"왜 좋은 운이 100%가 아닌데 당선되었나요?"

『만일 좋은 운이 100%였다면 당선되지 못했을 것입니다.』

"그건 무슨 말씀인가요? 운이 100% 좋은데 떨어지다니요?"

『박 대통령의 용신이 가용신이기 때문인데, 이는 매우 고차원적인 사주학 이론입니다. 이 가용신의 활동에 관하여 점점 더 알게 될 것입니다.』

"그럼, 사주학 공부가 부족한 사람은 이 원리를 모른다는 말씀인가요? 그러면 박 대통령이 대통령에 당선된 원인을 구체적으로 설명하실 수 있나요?"

『물론입니다. 뿐만 아니라 대통령에 당선될 가능성까지도 설명하겠습니다. 박 대통령이 대통령에 당선되던 해의 대운은 丙午로 모두 용신 대운이고, 연운은 癸卯로 기신과 희신의 운입니다. 따라서 대통령 당선의 가능성은 77%이고, 대통령 당선 요인으로는 본인의 힘이 10%, 조력자들의 힘이 67%라고 할 수 있습니다.』

"앞에서 악운이 23%가 있었기 때문에 대통령에 당선되었다고 하셨는데 23%의 악운의 의미는 무엇인가요?"

『박 대통령의 대통령직을 반대하는 국민과 정치인이라고 할 수 있습니다. 아울러 가용신 때문에 100% 좋은 운이 아니어서 대통령에 당선되었다는 말은 사주학 이론에서 중요한 내용이므로 잘 기억해주시기 바랍니다.』

"그러면 흔히들 말하는 제왕 사주인가요?"

『아닙니다. 제왕 사주와는 거리가 멉니다. 그러다 대통령 나이 63세 되는 해가 바로 1979년 己未년은 온통 己도 土운이고 未도 土운입니다. 더구나 대운의 지지 辰도 강력한 土운이니 대운이건 연운이건 온통 구신求神 운입니다. 즉 매우 좋은 운입니다.』

"그런데 왜 김재규의 총에 맞아 갑자기 서거하게 되었나요?"

『답부터 드린다면 용신이 가용신이기 때문에 그렇습니다.』

"100% 운이 좋을 때인데 용신이 가용신이므로 최악의 악운이 되어 부하의 총에 서거하였다니 사주학의 기막힌 판단이라는 생각이 듭니다. 그리고 깊은 뜻을 얻은 것 같기도 하고요. 여하튼 나름 논리적이라는 생각이 드는데 조금 더 박 대통령에 관하여 사주학적 설명을 주시면 좋겠습니다."

『우선 용신이 관성 정관이므로 의리와 신용을 중히 여기며 자기가 선택한 길을 의지와 끈기와 결단력으로 밀고 나가는 성격을 가졌습니다. 아부하지 않지만, 타인의 만류나 권고에도 굴하지 않고 끝까지 뚫고 나가는 강경한 면모를 지니고 있다고 보이며, 리스크가 있어도 밀고 나가는 등 줏대가 강한 대장부의 기질이 강하다고 생각합니다. 그러나 아쉬운 것은 비겁 土운이 기신이므로 친구나 형제, 부하로부터 심각한 피해와 배신을 당할 수 있다는 것입니다.』

"아! 그렇군요. 1979년에 육사 동기이자 부하였던 김재규 중정부장의 총에 맞아 갑자기 서거한 것을 생각하면 사주의 정확성에 새삼 놀라움을 갖게 됩니다."

『이왕 설명한 것이니 한 가지 추가한다면 서거하신 그 날이 10월 26일인데 바로 그 달의 간지가 甲戌 달로 역시 戌 土 운이 강한 달입니다. 즉 대운, 연운, 월운까지 모두 구신求神 土 운으로 매우 좋은데 용신이 가용신이므로 오히려 최악의 악운을 맞이할 수밖에 없었다고 생각합니다.』

"그러면 대한민국이라는 국가와 박 대통령의 사주학적 관계는 어떤가요?"

『대한민국의 오행은 甲 木입니다. 그리고 박 대통령의 용신은 火고 희신은 木입니다. 따라서 박 대통령과 대한민국은 상생의 관계인데 굳이 표현하자면 대한민국이 박 대통령을 돕는 형국이라고 할 수 있는데 이것이 장기 집권이 가능했던 한 이유가 될 것입니다. 그러나 사주학적으로 아쉬운 점이 있습니다.』

"예? 상생이면 좋은 것 아닌가요? 무엇이 아쉽다는 건가요?"

『대통령의 자리는 국가를 통치하고 국민을 편히 살게 할 책임이 있는 직책입니다. 따라서 국가의 도움만을 받을 것이 아니라 국가를 통제하고, 다스리는 힘이 있어야 합니다. 그러나 사주학적으로 박 대통령은 그 힘이 없습니다. 그냥 국가와 서로 좋은 관계를 유지하는 정도의 능력만 있다는 말입니다.』

"그러면 사주학적으로 무엇이 있어야 국가를 다스리고 통제할 수 있나요?"

『말씀드린 대로 대한민국은 오행의 甲 木입니다. 그리고 甲 木은 매우 강한 木 기운입니다. 더구나 이 甲 木 기운 아래 당시 기준으로 3000만 명이 넘는 국민이 살고 있었습니다. 따라서 이렇게 강력한 木 기운의 국가를 잘 다스리려면 金 기운이나 土 기운이 왕성해야 합니다. 그러나 金 기운은 대한민국이라는 木 기운과 상극으로 木 기운을 힘들게 하는 기운이므로 대한민국 대통령에게는 바람직하지 않습니다. 따라서 土 기운이 가장 적합합니다. 그런데 박 대통령의 土 기운은 국가를 다스릴 정도로 강하지 않았습니다. 또 土 기운으로 국가를 다스리려면 사주 속에 己 土가 있어야 합니다. 그러나 박 대통령의 사주 속에는 己 土가 없습니다. 있다면 일지 申의 지장간 속에 약하게 있습니다. 물론 없는 것보다는 좋습니다만 국가를 다스리는 대통령이라는 것을 생각하면 아쉬움이 남는 대목입니다. 그러나 그것이라도 있기에 국가와 좋은 인연을 유지할 수 있었다고 생각합니다. 그러면 金 기운으로 대한민국을 통제해야 하는데 박 대통령에게 金 기운은 악운 기신을 돕는 악운 구신仇神입니다. 따라서 통제하면 할수록 저항 세력이 강해져 박 대통령 본인에게 해가 됩니다. 따라서 국가를 통제한다고 하지만 결국 오히려 본인에게 그 해로움이 돌아가는 형국이라고 할 수 있습니다.』

"당시의 상황을 생각하면서 설명을 들으니 새삼 고개가 끄덕여지는 부분이 상당히 있다는 생각이 듭니다."

『상대와 상생하는 것은 물론 필요하고 중요합니다. 그러나 그러면서도 상대를 제어하고 제압하는 힘도 함께 있어야 나의 존재를 확실히 지킬 수 있다고 생각합니다. 그냥 상대와 좋은 것이 좋다는 정도만으로 나를 아무 이상 없이 지킨다는 것은 판단 착오라고 생각합니다. 그리고 상대를 통제하여 나에게 이득이 되어야 진정한 통제라고 생각합니다. 그런데 상대를 통제하고 나에게 이로움이 없다면 그것은 통제가 아니라 화근을 심는 것이라는 점을 박 대통령은 몰랐던 것 같아 새삼 안타깝다는 생각이 듭니다.』

"맞습니다. 과거 고려 시대나 조선 시대 시절 중국 왕조와의 상생 관계를 생각해 보면 지금 하신 말씀에 충분히 공감이 갑니다."

『그렇습니다. 박 대통령은 지장간 속에 약하지만, 己 土도 있고, 또 국가와 상생하는 재성의 힘도 가졌으므로 경제를 일으키는 등 좋은 업적도 많이 이룰 수 있었습니다. 그러나 문제는 국가를 통제하고 제어하는 힘이었습니다. 즉 국가를 통제하는 힘이 분명히 적지 않게 있었지만, 그 힘이 본인을 해치는 악운의 힘으로 결국 소용없는 힘인데도 불구하고 대통령이라는 권력의 힘으로 강력히 통제하였습니다. 그러다 보니 국민적 저항이 끊이지 않았고, 결국 육사 동기이자 부하의 총탄에 서거한 것이라는 것이 사주학적 판단입니다.』

"그러면 다른 대통령의 비극도 유사한 경우로 나타나나요?"

『비슷한 예도 있고, 다른 사례도 있습니다. 차차 아시게 될 것입니다.』

"여하튼 악운 비겁 때문에 비참한 생을 마감하였다는 판단이신데 박 대통령과 이 비겁에 관하여 조금 더 설명하여 주시면 좋겠습니다."

『비겁은 비견과 겁재의 합성어입니다. 특성의 기본은 친구, 형제, 고독, 분리, 자존심이 강하고 과감하며 자기주장이 강한 특성을 나타내는데, 특히 겁재가 사주에 있으면 이런 특성은 더욱 강력하게 나타납니다. 그런데 박 대통령 사주 속의 비겁은 본인의 악운을 돕는 구신仇神입니다. 즉 국가를 다스리는 대통령이면 정치에 참여한 사회 지도층 여러 사람의 도움도 당연히 절실한데 비겁이 악운 구신仇神이므로 일방적인 독불장군식으로 밀어붙이니 자연히 그 사람들로부터 외면당하므로 충돌이 잦을 수밖에 없었을 것입니다.』

"듣다 보니 유신이니 김대중 사건이니 민청학련 사건 등등 사회 지도층과 임기 내내 치열하게 충돌한 것이 새삼 기억나네요. 그래도 국민으로부터는 많은 지지를 받지 않았나요?"

『그렇습니다. 이 부분을 사주학적으로 판단해 보겠습니다. 이미 알고 계신 것처럼 이 사주의 용신은 정관 火입니다. 그런데 사주 속에 편관 火가 또 있습니다. 물론 이 편관은 같은 관성으로 용신을 돕는 길신입니다. 이렇게 편관이 길신인 경우 새롭고 큰 사업을 잘 하는 지혜와 실천력을 가졌다고 합니다.』

"새마을 운동이니 경부 고속도로 건설, 경제 개발 5개년 계획의 실천과 성공적 마무리 등 당시로서는 생각지도 못한 여러 업적이 생각나네요."

『그렇습니다. 대통령 취임 당시인 1963년의 대한민국은 북한보다도 한참 뒤떨어진 국력을 가진 상태였습니다. 그런데도 위와 같은 여러 국가적 사업을 창출하여 성공적으로 마무리하여 오늘날의 경제 발전에 뿌리를 만들었다는 것은 놀라운 일이 아닐 수 없습니다.』

"그러나 유신 등 여러 반민주적인 행태도 많지 않았나요?"

『사주학적으로 판단하면 바로 비겁이 악운 구신仇神이기 때문입니다. 이해하시겠습니까?』

"그렇군요. 이해가 됩니다. 여하튼 서거하는 과정은 안타깝지만, 아직도 많은 국민의 존경을 받고 있고, 가난을 벗고 세계 경제의 중심으로 진입하게 한 그 업적으로 볼 때 성공한 대통령이라고 해도 되지 않나요?"

『오늘 이 자리는 역대 어느 대통령이 성공했느냐를 설명하는 모임이 아니라는 것을 이미 말씀드렸습니다. 따라서 성공 여부에 관한 질문에는 답하지 않겠습니다. 다만 이 말씀을 끝으로 드리고자 합니다.』

"무엇인가요? 궁금하네요."

『대통령은 대통령이 되어야 하는 사람이 당선되고 직무를 수행해야 하는 것이 최우선 조건이라고 저는 생각합니다. 또 사주학도 그것을 가르치고 있고요.』

"그것이 무슨 말씀인가요? 박 대통령은 대통령의 최우선 조건에 해당하지 않다는 말씀인가요?"

『답변부터 드린다면 그렇습니다. 최우선 조건에 부합하지 않습니다.』

"예? 20년 가까이 대통령을 역임한 분에게 최우선 조건을 갖추지 못했다는 말은 듣기에 따라 천지가 개벽할 말이 아닌가요?"

『저는 오늘 감정도, 역사적 사실도, 상황과 분위기도 모두 배제하고 오로지 사주학적 판단만으로 말씀드리는 것입니다.』

"그러면 그렇게 판단하는 이유가 무엇인가요?"

『박 대통령은 자신의 힘으로 대통령이 된 것이 아닙니다.』

"어떤 대통령이건 선거로 하니까 자신의 힘으로 대통령이 되는 것이 아닌 것은 마찬가지 아닌가요?"

『그런 의미가 아닙니다. 박 대통령의 사주는 '완벽한 제왕 사주, 즉 대한민국의 대통령으로서 최적의 사주'가 아니라는 말입니다. 이를 달리 말하면 박 대통령의 사주는 좋은 사주로 높은 관직에 오를 수 있는 사주지만 한 국가의 대통령, 특히 대한민국의 대통령이 되기에는 부족한 면이 많다는 의미입니다.』

"그럼 어떻게 대통령이 되었나요?"

『이미 답을 설명했다고 생각합니다.』

"아!, 그렇지요, 앞에서 이미 설명하셨지요."

『그렇습니다. 대통령 당선은 용신보다는 희신 때문입니다. 즉 내가 내 힘으로 대통령이 된 것이 아니라 나를 돕고 추종하는 사람들 때문에 대통령이 되었다는 말입니다.』

"아! 이제 무슨 말씀인지 이해가 갑니다. 요약하자면 한마디로 제왕 사주는 남의 힘이 없어도 군왕의 자리에 오른다는 말이네요."

『그렇습니다. 그리고 제왕 사주로 대통령이 된 사람은 자신이 대통령이 되는 과정에서 빚을 진 것이 없습니다. 그러나 추종자들의 도움으로 대통령이 된 사람은 갚아야 하는 정치적 빚이 있습니다. 따라서 전자의 경우와 후자의 경우는 대통령이 된 후에 정치적 부담에서 엄청난 차이가 있습니다. 더구나 단순히 빚을 갚아야 하는 부담 이외에도 단적으로 공신에 해당하는 사람들 간의 심각한 견제와 치열한 권력 다툼, 이권 싸움의 중심에 대통령이 서게 된다는 것입니다. 게다가 박 대통령의 추종자, 동료를 뜻하는 비겁이 악운인 구신仇神입니다. 그러니 그 끝이 어떻겠습니까? 대통령을 추종하고 당선을 도운 사람들이 어느 순간 조금씩 오히려 대통령의 견제 대상이 되는 것은 물론 심한 경우, 정적政敵까지 되고 맙니다. 불행한 대통령이라는 수렁에 빠지게 되는 첫걸음의 시작이라고 할 수 있습니다.』

"새삼 1979년 10월 궁정동 비극의 시발점과 결과가 생생하고 명료하게 다가오네요."

『추종자와 조력자에 의해 얻은 자리를 그 추종자와 조력자에 의해 목숨으로 갚은 비극이라고 감히 말씀드릴 수 있다고 생각합니다. 그리고 그런 결론의 저변에 사주학의 깊은 가르침이 있다는 것도 아울러 말씀드리고 싶습니다.』

◇ 육영수 여사 사주 분석

"박 대통령 하면 반드시 떠오르는 분이 있습니다. 혹시 그분 역시 왜 그렇게 비참한 최후를 맞으셨는지 사주학적으로 알 수 있나요?"

『왜 그 질문이 나오지 않나 궁금하였는데 이제 하셨네요. 당연히 설명할 수 있습니다.』

"그럼 육 여사의 사주로 설명하실 건가요?"

『아닙니다. 박 대통령의 사주로 우선 설명하겠습니다.』

"아니, 그게 가능한 일인가요? 아무리 부부지만요."

『사주학의 놀라운 가치를 보이는 기회라고 생각하겠습니다. 육 여사는 1974년 8월 15일에 서거하셨습니다. 그해의 연운은 甲寅년으로 강력한

木 운입니다. 따라서 박 대통령에게는 매우 좋은 희신의 해입니다.』

"그런데 어떻게 부인인 육 여사가 문세광의 총탄에 맞아 비극적인 서거를 하셨나요?"

『박 대통령의 일간은 庚 金이고 용신은 丁 火입니다. 따라서 희신은 관성 木이 되었습니다. 따라서 기신은 식상 水 기운이고, 구신仇神은 비겁 金입니다. 그리고 용신의 제1원칙은 일간이 가장 필요한 오행입니다. 그런데 박 대통령 사주의 일간은 庚 金이므로 金 운이 1순위로 필요합니다. 그런데 용신은 연간의 丁 火가 되었습니다. 따라서 丁 火 용신은 대통령 용신으로는 진신眞神이 아니고 가신假神에 속한다고 할 수 있습니다. 따라서 희신 木 운도 진희신이 아니고 가희신이라고 할 수 있습니다. 그런데 이렇게 진신 운이 아닌 가신 운이 매우 강력할 때는 좋은 운이 아니라 오히려 강력한 악운이라는 것이 고차원적인 사주학의 판단입니다. 그런데 1974년은 甲寅년으로 木 운이 매우 강력한 해입니다. 즉 겉으로 보면 매우 좋은 해입니다. 왜냐하면, 木 운 중에도 甲 木과 寅 木이 가장 강력한 힘을 가진 木 운이기 때문입니다.』

"그러면 만일 이 甲寅이 진신이면 박 대통령 일생의 최고의 운 중의 하나라는 말도 되나요?"

『그렇다고 할 수 있습니다. 그러나 안타깝게도 진희신의 운이 아니고 가희신의 운이 된 것입니다. 더구나 일간 庚 金은 강력한 '+ 양간'인데 甲 木, 寅 木 모두 역시 강력한 '+ 양간'입니다. 그리고 일간 金과 木은 상극입니다.』

"+ 양간의 등장이 어떤 의미가 있나요?"

『일간 金과 木이 상극이라고 하였습니다. 이렇게 상극일 때 음양마저 같다면 상극하는 힘의 크기는 엄청나게 큽니다. 즉 강력하게 상극한다는 말입니다. 이제 지금까지의 설명으로 한번 정리해 보실까요?』

"예, 강력한 가희신 때문에 최고의 운이 최악의 운이 되었는데 희신 木 운이 일간과 강력한 상극인데다 한술 더 떠서 음양까지 서로 밀치는 강력한 상극이니 한마디로 상극이 철철 넘친다고 할 수 있습니다."

『잘 하셨습니다. 그렇습니다. 1974년 甲寅년은 박 대통령에게는 상극이 넘쳐흐르는 최고의 악운 중의 하나입니다.』

"그렇다고 이 악운이 부인인 육 여사의 비극적인 죽음과 연관 짓는 근거가 되는 것은 아니지 않나요?"

『당연합니다. 이 최고의 악운이 부인 육 여사의 죽음과 직결한다는 것을 설명할 수 있어야 할 것입니다. 따라서 이제 박 대통령의 1974년 甲寅년 최악의 운은 어디로 향하는지 설명하겠습니다. 甲寅 木 운은 사주학 육신 중에서 재성이며 강력한 + 양간입니다. 따라서 이 木 운이 강해진다는 것은 관성, 특히 정관이 강해지는 것이고, 정관 관성이 강해진다는 것은 비겁이 위험할 수 있는데 특히 겁재가 위험하다는 의미입니다. 그리고 사주 속의 겁재는 辛 金인데 이 辛 金이 용신 기준으로는 재성이므로 결국 박 대통령의 아내가 위험해진다는 말입니다. 왜냐하면, 사주학 이론상 남자에게 있어 아내는 재성이기 때문입니다. 더구나 육 여사가 서거한 달은 8월로 壬申 달입니다. 즉 박 대통령 처지에서는 아내를 뜻하는 申 재성 달이자 악운 구신仇神에 해당하는 달입니다. 그리고 사망한 날은 戊子일이니, 이 역시 子 기신 날입니다.』

"육 여사에게 최악의 악운이 오지 않을 수 없네요. 정말 놀랍다는 말 이외에 할 말이 없는 것 같습니다. 그럼 이왕 살피는 것이니 육 여사의 사주도 간단히 살펴주시면 좋겠습니다."

『궁금해 하시니 그렇게 하겠습니다. 우선 육 여사의 사주를 보시기 바랍니다. 간단히 설명하겠습니다.』

乙 丁 丁 辛
丑 亥 巳 亥

『보시다시피 육 여사의 사주도 오행을 모두 갖추고 있기에 일단 좋다고 할 수 있는데, 관성이 여럿 있어 후처가 될 운명이지만 그 관성이 정관이기에 비록 후처가 되지만 좋은 남편을 만날 운입니다. 그러나 남편을 뜻하는 정관이 모두 충이 되고 있다는 점을 우선 설명하고 지나가겠습니다.』

"그것이 무슨 말씀이신가요?"

『육 여사의 일지 巳는 남편 자리입니다. 즉 박 대통령입니다. 그런데 이 일지의 巳가 사주 속에 두 개나 있는 亥와 충을 이루고 있습니다. 더구나 亥는 관성으로 여자에게는 남편을 뜻합니다. 따라서 사주 판단대로라면 남편과의 사이가 그렇게 원만하지만은 않았을 것이라는 생각이 듭니다. 즉 박 대통령 때문에 마음고생이 적지 않았다는 생각이 듭니다.』

"지금의 설명을 듣고 나니 짐작 가는 부분이 여럿 떠오르네요. 여하튼 그것은 가정사이니 접어두고 육 여사 본인 사주로 육 여사의 죽음을 설명하여 주시면 좋겠습니다."

『예, 이미 설명한 것처럼 1974년은 甲寅년으로 남편 박정희 대통령에게 매우 좋은 희신 운이나 이 희신 운 모두가 가희신 운이고 박 대통령의 대운 辰은 구신求神이므로 운 자체만으로 본다면 매우 좋은 운이지만 용신이 가용신이므로 최고로 좋은 운이 최악의 운이 되는 해입니다. 즉 남편에게 악운이 겹쳤는데 육 여사 사주는 그런 남편과 겹 충을 이루고 있으니 1차적으로 최대의 악운을 만났다고 할 수 있습니다.』

"그럼 2차 악운이 또 있나요?"

『육 여사의 용신은 乙 木인데 이 또한 진신이 아니고 가신입니다. 그런데 1974년은 甲寅 연운이므로 겉으로 보면 강력한 木 운이니까 매우 좋아 보이지만 실은 진신이 아닌 가용신의 연운이 매우 좋은 것이므로 박 대통령과 마찬가지로 최대의 악운을 만난 것입니다. 그래서 비극적으로 서거하셨습니다.』

"아! 육 여사님의 사주가 박 대통령과 일치하다니 놀라울 따름입니다. 다른 내용도 조금 더 설명하면 좋겠습니다."

『사주학적으로 판단할 때 육 여사는 박 대통령의 강력한 내조자였다고 생각합니다. 왜냐하면, 육 여사의 용신은 乙 木이므로 박 대통령에게는 희신이 되기 때문입니다. 따라서 육 여사 서거 후 박 대통령은 가장 강력한 조력자를 잃은 격이 되니 사주학적으로도 현실적으로도 무척 힘들었을 것으로 판단됩니다.』

"박 대통령 사주와 육 여사 사주의 핵심 부분을 모두 보니 새삼 사주의 깊이를 느낄 수 있는 것 같습니다. 그런데 한 가지만 더 설명해 주실 수 있으신가요? 박 대통령 사주의 대통령으로서의 장단점을 정리하여 주실 수 있으면 좋겠습니다."

『미련이 많이 남으셨나 봅니다. 예. 그렇게 하겠습니다.』

◇ 박 대통령 사주의 대통령으로서의 사주 장단점

박 대통령 사주의 대통령으로서의 사주의 장점
1) 오행을 모두 갖추고 있고 나름대로 균형을 이루고 있다.
2) 일간이 약하게 보이지만 강하다.
3) 용신이 정관이다.
4) 대한민국과 상생 관계다.
5) 42세부터 61세까지 큰 대운이 이어진다.
6) 일지 지장간 속에 己 土 운이 있다.

박 대통령 사주의 대통령으로서의 사주의 약점
1) 대한민국을 제어하는 대통령의 힘이 약운이다.
2) 비겁이 악운 구신仇神이므로 항상 부하들이나 동료, 정치적 상대방들과 상극 관계.
3) 정관이 용신이라 좋지만, 이는 단순히 높은 관직에 오른다는 의미지 대통령이 되는 제왕 사주가 아니다.
4) 비겁이 악운 구신仇神이므로 정치적 동지도 없었고 본인을 추종하는 부하들과도 갈등의 관계가 된다.
5) 비겁이 악운 구신仇神이므로 독불장군의 성격이 강해서 부하는 물론 여러 사람으로부터 내심 좋은 협력을 얻기 어렵다.
6) 진용신, 진희신이 아니라 가용신, 가희신에 의해 사주가 지배되고 있는데 그 기운이 강해지는 때가 있다.

『위의 장단점으로 박 대통령의 대통령으로서의 사주를 판단한다면 정관이 용신이고 오행이 균형을 이루고 있어 높은 관직에 오를 수 있고 국민의 사랑을 받을 수 있는 사주지만 대통령으로서는 아쉬운 점이 있는데, 비겁이 구신仇神이라는 점과 대통령이면 당연히 지녀야 하는 국가를 제어하는 힘이 악운이라는 점입니다. 결국, 운이 좋은 19년간은 집권하는 등 권력의 중심에 있었지만, 비겁이 악운이므로 가장 믿었던 부하에게 비극적인 죽임을 당하고 말았던 것입니다.』

# 세 번째 강의
## - 바람직한 대한민국 대통령의 사주 유형

"설명 중에 박 대통령의 사주는 엄밀히 말해서 대통령 사주는 아니라고 하셨는데 그렇다면 대통령의 사주는 어떠해야 하는지 설명하여 주실 수 있으신가요?"

『물론입니다. 특히 대한민국의 대통령 사주는 어떠해야 하는지 설명할 수 있습니다. 우선 다음 정리한 내용을 보시기 바랍니다.』

■ 가장 바람직한 대한민국 대통령의 사주 유형

> 가) 매우 강력한 용신과 매우 강력한 일간인 사주
> 나) 진용신의 힘으로 대통령에 당선된 대통령
> 다) 오행의 중앙이 진신인 사주
> 라) 대통령 재임 기간 중의 대운과 연운이 좋은 사주
> 마) 국가와 인연이 있는 사주
> 바) 대한민국이라는 국가의 힘을 다스릴 수 있는 사주
> 사) 火 土 운으로 己 土가 사주에 있고 火 土 기운이 길신에 해당하는 사주
> 아) 퇴임 후에도 대운과 연운이 좋은 사주

"가)의 경우 대통령의 사주 속의 일간과 용신이 매우 강력해야 하는 것이 왜 첫 번째 조건이 되나요?"

『대한민국의 대통령은 현재 기준으로 국가와 5000만 명의 국민의 안녕과 번영을 이루고 지켜야 하는 첫 번째 책무를 가진 사람입니다. 따라서 엄청나게 밀려드는 업무는 물론 스트레스, 정치적 판단과 용단 등을 수없이 해야 합니다. 따라서 사주학적으로 일간과 용신이 '대통령 본인'을 의미하므로 일간과 용신이 강건해야 한다고 한 것입니다.』

"다)의 내용을 조금 더 상세히 설명하여 주시면 좋겠습니다."

『간단히 말해서 오행의 중앙은 土 운입니다. 따라서 土가 동서남북 오행의 중심에 있으면서 동서남북 전체를 아우르는 위치에 있습니다. 그러므로 강력한 土가 진용신이 되라는 의미입니다.』

"라)는 어떤 의미인가요?"

『아무리 사주가 좋아도 대운과 연운, 특히 연운이 좋지 않으면 원하는 것을 할 수도 없고 얻을 수도 없는데, 오히려 생각지도 못한 악운에 말려들고 힘들게 됩니다. 그리고 사주학적으로 악운은 반드시 옵니다. 좋은 운은 자신의 성실한 노력이 반드시 뒤따라야 얻을 수 있지만, 악운은 오지 말라고 기도한다고 오지 않는 것이 아닙니다. 그래서 대운, 특히 연운이 좋아야 한다고 한 것입니다. 박 대통령의 비참한 서거나 육영수 여사의 비극적인 서거 등이 바로 연운의 중요성을 입증하고 있고 앞으로 다른 대통령의 사주에서도 대운과 연운의 중요성을 많이 접하게 될 것입니다.』

"마)는 어떤 의미인가요?"

『대통령이 대한민국이라는 국가와 상극이라면 국가도 대통령 본인도 불행한 것은 자명합니다. 아니, 대통령에 당선되지도 않을 것입니다. 따라서 일단 대통령이 된다는 것만으로도 어떤 형태로든 대한민국과 좋은 인연이 있다고 할 수 있습니다. 그런데 이 좋은 인연도 몇 가지 유형이 있습니다. 첫 번째는 대통령이 국가에 도움이 되는 상생 인연이 있고, 두 번째는 국가가 대통령에게 도움이 되는 상생 인연이 있으며, 세 번째는 국가와 대통령이 한 몸이 되어 좋은 운을 창출하는 상생 운이 있습니다. 물론 세 번째 유형이 국가나 대통령 본인을 위해서 가장 바람직한 상생 인연입니다.』

"듣고 보니 박 대통령은 국가가 박 대통령을 상생하는 첫 번째 유형에 가깝네요?"

『그렇습니다. 그러나 세 번째에 해당하기도 합니다. 지장간에 약하지만, 己 土가 있으니까요.』

"그러면 전직 대통령 가운데 세 번째 유형에 속하는 상생 인연이 있나요?"

『그것은 차차 아시게 될 것입니다.』

"바)의 의미는 알 것도 같은데 한 번 더 설명해 주시면 좋겠습니다."

『대한민국의 사주학적 오행은 甲 木이라고 하였습니다. 그리고 대통령직이라는 것은 국가를 잘 이끌기도 해야 하지만 국가를 잘 통제하고 제어할 능력도 있어야 합니다. 그러려면 甲 木의 강력한 木 기운을 조절하거나, 억제하거나 함께 뭉쳐서 한 몸이 되어 좋은 방향으로 가야 합니다. 이 표현을 사주학적으로 한다면 대통령 사주의 용신과 일간이 甲 木을 극훼 하거나, 또는 상생하거나, 또는 甲 木과 합이 되어 길운이 되어야 한다는 말입니다.』

"사)의 의미는 무엇인가요?"

『바)의 조건에 대한 설명을 완성한 것이라고 여기시면 됩니다. 즉 甲 木이 합이 되려면 사주 속에 己 土가 있어야 합니다. 그러면 甲己合土가 되는데 이것은 사주학의 원리입니다. 그리고 이것으로 끝나지 않고 이렇게 합이 된

土 운이 용신과 같은 오행이면 가장 좋고, 희신과 같은 오행이면 차선으로 좋습니다. 따라서 이왕이면 용신과 같은 오행이 되는 사주가 대통령이 되면 좋겠지요.』

"아는 무슨 말인가요?"

『예를 들어 대통령 임기 말부터 연운이 나빠져서 퇴임 후에도 운이 계속 나쁘다면 결국 어떤 형태로든 어려운 일을 당하게 되니 국가와 국민은 물론 본인에게도 안타까운 일이 될 것입니다. 더구나 재임 시 있었던 일이 나쁜 운과 맞물려 나쁜 방향으로 터진다면 국가와 사회는 물론 본인에게도 큰 어려움이 닥칠 것이고 때에 따라서는 예상치 못한 혼란이 일어날 것입니다.』

"재임 시 잘못한 일이 드러나 그에 상응하는 대가나 처벌을 받는 것은 사주의 운과는 무관한 것 아닌가요?"

『당연합니다. 재임 시 행했던 확실한 불법 행위가 좋은 운이라고 덮인다는 말은 아닙니다. 다만 예를 들자면 소소한 결정이나 잘못이 나쁜 운에는 과한 파문을 일으킬 수 있지만, 운이 좋다면 원만하게 해결될 수 있을 수 있기에 대통령의 조건으로 삼은 것입니다. 왜냐하면, 이유가 무엇이든 전직 대통령이 세간에 나쁜 방향으로 오르내리는 것은 국가를 위해서라도 바람직한 일은 아니니까요.』

"오행을 모두 갖추고 균형 잡힌 것은 대통령의 조건에 해당하지 않나요?"

『솔직히 그것은 제왕 사주의 필요충분조건은 아니라고 생각합니다. 즉 정승판서와 같은 고위 관직에 오르는 것에는 필요한 사주지만 제왕의 자리에 오르는 사주에는 필수 조건은 아닙니다. 박 대통령의 사례를 보면서 충분히 이해하셨을 것으로 생각합니다.』

"그러면 이런 사주를 가진 분이 대한민국의 대통령이 되면 국가도 번창하고 대통령 본인에게도 명예로운 일이 되나요?"

『예, 그렇게 장담할 수 있습니다.』

"그러나 만일 위의 조건을 충족하지 못한 분이 대통령이 되면 어떻게 되나요?"

『이미 박 대통령을 통해 한 가지 사례는 아셨을 것입니다. 그리고 앞으로 계속 다른 분들의 사주를 분석하면 더 많은 사례를 아시게 될 것입니다.』

"결국, 선생님의 말씀은 대한민국 대통령 사주의 조건에 충족하지 못한 분이 대통령이 되시면 국가도 본인도 불행하게 된다는 것인가요?"

『행, 불행의 판단은 각자의 몫이니 제가 드릴 말씀은 아니라고 생각하지만, 국가와 본인에게 안타까움이 남는 것은 틀림없고, 때에 따라서는 대통령직이 오욕의 자리가 될 수도 있다고 생각합니다.』

# 네 번째 강의
# - 이승만 대통령의 사주 분석

『이승만 대통령의 생년월일은 양력 1875년 4월 18일이라고 합니다. 따라서 그 생년월일을 기준으로 사주 판단을 하겠습니다. 우선 다음의 사주와 대운과 대운수를 보시지요.』

```
           이승만 대통령 사주
        (생일: 1875년 양 4월 18일)
           乙   己   丁   庚
           편인  식신      정재
           亥   卯   亥   子
           정관  편인  정관  편관

    96  86  76  66  56  46  36  26  16  06
    己  庚  辛  壬  癸  甲  乙  丙  丁  戊
    巳  午  未  申  酉  戌  亥  子  丑  寅
```

『이 사주의 오행 구성과 비율을 보면 식상 土 기운이 약 15%, 인성 木 기운이 약 31.2%, 관성 水 기운이 약 41.2%, 일간 火 기운이 약 6.3%, 재성 金 기운이 약 6.3%입니다.』

"오행은 모두 있는데 균형은 없는 것 같네요."

『그렇습니다. 이제 대통령의 조건에 오행을 고루 갖춘 것이 왜 해당하지 않는지 조금 이해가 되셨습니까?』

"예, 그렇습니다. 정말 오행과 대통령과는 상관없다는 생각이 되네요."

『이 사주의 용신은 관성 水 기운입니다. 그리고 그 비율이 41.2%로 강력하다고 할 수 있습니다. 그런데 대한민국이라는 국가의 오행은 甲 木이므로 이 대통령의 용신 水는 木을 적극적으로 도우므로 일단 대한민국과 이 대통령의 관계는 좋다고 할 수 있습니다.』

"대통령 조건 중의 두 번째 유형으로 대통령이 국가를 돕는 모습이니 박 대통령과는 반대로 나타나네요."

『그렇습니다. 그런데 이 사주 용신에 아쉬운 점이 있습니다.』

"무엇인가요? 국가를 돕는 용신이니까 좋은 것이 아닌가요?"

『국가를 돕는 용신이므로 당연히 좋습니다만, 박 대통령과 마찬가지로 이 용신이 가용신이라는 점입니다.』

"아! 그러면 또 이 가용신에 의해 이 대통령도 좋은 운이 악운으로 변하겠네요?"

『지켜보시면 아시게 될 것입니다. 여하튼 용신이 관성 水 기운이므로 희신은 재성 金 기운이 됩니다. 그리고 한 가지 덧붙일 것은 일간이 火 기운인데 일간을 돕는 인성 木 기운의 비율이 약 31.2%를 차지하고 있으므로 일단 일간도 힘이 있다는 것을 염두에 두시기 바랍니다.』

"용신이 水 기운이고, 희신이 金 기운이니 결국, 水 기운과 金 기운의 해에는 운이 좋고, 火 기운과 土 기운의 해에는 운이 나쁘다고 판단하나요?"

『그렇습니다. 이 대통령 사주의 土 운은 악운 기신이고 火 운은 악운 기신을 돕는 악운 구신仇神입니다. 또한, 용신 관성이 강하고 金 재성이 사주 속에 있어 관운이 좋으므로, 관성 운이 오면 관운이 매우 좋아져서 높은 관직에 오를 수 있다는 것도 염두에 두시기 바랍니다. 1948년 74세 때는 壬申 대운의 壬은 용신 운이고, 申은 희신운이므로 대운의 운은 매우 좋다고 할 수 있습니다. 그리고 연운은 戊子인데, 戊는 土 기운으로 기신 악운에 해당하고, 연운 子는 용신 운이므로 좋은 운입니다. 그러나 기신 악운의 기운보다 용신 子 기운의 힘이 더 강하므로, 대운과 연운의 운은 전체적으로 보면 운이 좋은 해입니다.』

"어느 정도 운이 좋은지 수치로 설명하실 수 있나요?"

『물론입니다. 이 경우는 대략 용신 운 70%, 희신 운 8%로 대통령에 당선되었다고 할 수 있습니다.』

"그러면 대통령 당선 운이 총 78%라는 말인가요?"

『아닙니다. 대통령 당선 운은 87%입니다.』

"그런데 수치는 어떻게 계산한 건가요?"

『사주학 원리에 따른 것입니다.』

"그런데 저도 사주학을 공부한 사람인데 이렇게 수치로 판단하는 것은 본 적이 없는 것 같은데요?"

『사주학 공부를 더 하시면 얻으실 수 있을 것입니다.』

"지금 설명에서 당선 비중 중, 용신 비중이 약 70%, 희신 비중이 약 8%라고 하셨으니 국민의 지지가 약한 대통령이 아닌가요?"

『그렇습니다. 대통령에 당선될 때는 국민의 지지보다는 본인의 명성이 더 크게 작용했다고 볼 수 있습니다.』

"그러면 이렇게 국민의 지지가 약한 대통령은 사주학적으로 통상 어떻게 처신하나요?"

『균형과 조화가 근간이니 자신의 약점을 보완하기 위해, 즉 자신과 자신의 대통령직을 지키기 위해 주변 사람, 곧 조력자를 찾고 조력자에게 의지하게 됩니다.』

"결국, 이 대통령은 조력자에게 휘둘린다는 말이네요."

『그렇습니다. 역사가 이를 증명하고 있다는 것을 함께 생각하면 도움이 될 것입니다. 1960년은 庚子년인데 연운 庚은 희신이고, 子는 용신입니다. 따라서 운이 매우 좋을 때입니다. 그러나 무엇이 생각나시지요?』

"가용신이 생각납니다."

『그렇습니다. 대단히 좋은 운이 왔지만, 모두가 가용신이고 가희신입니다. 따라서 강력한 악운이 되고 말았습니다. 결국 4·19 혁명으로 대통령직에서 하야하고 미국으로 도망치듯 망명하는 초유의 사태가 일어났던 것입니다. 그리고 1965년 乙巳년의 巳는 기신 악운을 뜻하고, 이때의 대운도 午이므로 구신仇神 악운입니다. 따라서 이국땅에서 서거하셨습니다.』

"지금까지 두 분의 전직 대통령의 사주를 통해서 많은 것을 얻은 것 같습니다. 사주학의 놀라움도 얻었고, 대한민국에 어떤 대통령이 등장해야 하는가도 알게 되었습니다."

『그렇습니다. 그러나 아직 놀라는 것은 조금 참으시기 바랍니다. 앞으로 더 놀라운 일이 여럿 생길 것이니까요. 이제 이승만 대통령의 대통령으로서의 사주를 간략하게 분석하겠습니다. 이 대통령 사주는 관성이 강하고 용신이며 재성이 이 관성을 돕고 있으므로 관운이 좋습니다. 또 용신이 水 관성이므로 대한민국에 도움이 됩니다. 그러나 안타깝게도 박 대통령과 마찬가지로, 아니 박 대통령보다 더 대한민국을 제어하는 힘이 없습니다.』

"이기붕 씨가 생각나는 대목이네요."

『놀라운 것은 이 대통령의 사주에는 대통령 조건에 들어있는 대한민국의 중심인 土 기운이 약합니다. 더구나 약한 土 기운마저 악운입니다. 즉 대한민국의 중심인 대통령의 자리에 있었지만, 중심에 있지 못하는 사주입니다. 그런데 만일 중심에 있으려고 한다면 본인이 위태로워집니다.』

"이기붕 씨가 한 번 더 생각나면서, 듣고 보니 정말 아쉬운 점이 한둘이 아니네요."

『이 정도만 하여도 이 대통령과 대한민국과의 인연이 어느 정도인지 짐작할 수 있을 것입니다. 대통령이 국가의 중심에 있지도 못하고, 대통령이 국가를 제어하고 아우르는 힘도 없는 데다, 중심에 있으려고 한다면 본인이 위험해지는 사주이니 국가와 국민, 그리고 대통령 자신을 위해 참으로 안타까운 일이 아닐 수 없습니다.』

"그래도 독립운동을 하셨고, 전쟁 등 어려운 환경 속에서 반공 포로 석방 등 국가를 위해 한 일이 있지 않나요?"

『이 대통령의 용신이 대한민국을 돕는 오행이기 때문이라고 생각합니다.』

# 다섯 번째 강의
# - 전두환 대통령의 사주 분석

『전 대통령의 생일은 1931년 1월 18일이라고 알려져 있으므로 이 생일을 기준으로 사주를 살피겠습니다. 먼저 사주와 대운, 대운수를 보시지요.』

```
         전두환 대통령 사주
        (생일: 1931년 양 1월 18일)
           辛   辛   庚   辛
          겁재  겁재      겁재
           未   卯   申   巳
          인수 정재 비견 편관

    9   19  29  39  49  59  69  79  89  99
    庚   己   戊   丁   丙   乙   甲   癸   壬   辛
    寅   丑   子   亥   戌   酉   申   未   午   巳
```

『전 대통령의 사주 오행의 비율을 먼저 살피겠습니다. 관성 火 기운은 약 15.8%이고, 재성 木 기운은 약 20.3%이며, 비겁 일간 金 기운은 약 41.5%이고, 식상 水 기운은 약 2.1%이며, 마지막으로 인성 土 기운은 약

20.3%입니다. 따라서 일간 金 기운이 가장 강하고 일간을 돕는 인성 土 기운이 그다음으로 강하여 이 두 기운의 힘이 전체 기운의 61.9%를 차지하고 있습니다. 따라서 언뜻 보면 일간 庚 金이 卯 月에 태어났으므로 신약 사주로 보이지만 그렇지 않고 일간이 강한 사주로 종왕 사주로 판단해야 합니다.』

"그러면 용신과 희신, 기신은 무엇인가요?"

『용신은 비겁 金이고, 희신은 인성 土이며, 악운 기신은 관성 火 기운이고, 악운 구신仇神은 재성 木 기운이며 선운善運 구신求神은 식상 水 기운입니다. 따라서 金, 土, 水 운에는 운이 좋고, 관성 火와 재성 木 운에는 운이 나쁘다고 할 수 있습니다. 따라서 일단 분석한 오행만 가지고 전 대통령의 면면을 간단히 살펴보겠습니다. 일간이 강하고 강한 일간을 돕는 희신 또한 힘이 있으니 웬만한 일에는 굴하지 않을 것입니다. 즉 일상의 어려움 정도로는 이 사주 일간과 용신의 힘을 이기기 쉽지 않다는 뜻입니다.』

"백담사에 은거도 하였고, 교도소에도 갔으며 수십 년 동안 재판을 받으며 많은 국민의 손가락질을 받고 있는데도 굴하지 않고 자기 할 말은 다 하고, 자기 할 일은 다 하는 이유가 무엇인지 궁금했는데 오늘 전 대통령의 사주에서 그 해답의 일부를 찾은 것 같습니다."

『1980년 庚申, 1981년 辛酉해는 모두 강력한 金 운입니다. 따라서 권력을 잡는 기회를 만들었고 결국 대통령이 되었습니다. 물론 이때의 대운이 丙戌 대운이므로 역시 좋았습니다.』

"앞의 박 대통령과 이 대통령의 경우 용신이 가용신이라 최고의 운이 최악의 운이 되었는데 전 대통령의 경우는 어떠한가요?"

『전 대통령 사주의 용신은 진용신입니다. 따라서 앞의 두 대통령과는 다른 결말을 예상할 수 있습니다.』

"그러면 앞의 두 대통령의 경우 대통령이 대한민국이라는 국가를 제어하고 통제하는 힘이 부족하다고 하였는데 전 대통령의 경우는 어떠한가요?"

『전 대통령의 용신은 金 운이고 진용신입니다. 따라서 국가를 제어할 수 있는 능력이 충분합니다. 그러나 이 金 운은 대한민국의 오행 木을 剋 하는 기운이므로 국가와 국민을 힘들게 하는 사주입니다. 더구나 용신 金은 사주학적으로 기신 악운에 해당하고, 대한민국을 돕는 기운은 水 운인데 이 水 운은 전 대통령에게는 악운 구신仇神입니다. 따라서 이래저래 전 대통령의 사주는 국가와 국민을 힘들게 하는 형국이니 대통령의 자리가 본인에게는 악운이 된다는 의미입니다.』

"그러니까 전 대통령은 대통령이 되어서는 안 되는 사주라는 뜻인가요?"

『그렇습니다. 대통령이 되면 본인이 위태로워지는 사주입니다. 더구나 金 기운이 강하므로 국가를 통제할 힘은 지녔지만, 국가와 국민을 힘들게 하는 사주이기 때문입니다. 그뿐만이 아니라 전 대통령의 사주에는 겁재가 많은데 이 겁재가 길신이므로 사람을 제압하는 힘이 강력합니다.』

"그럼 전 대통령은 어떻게 대통령이 되었나요?"

『1981년은 辛酉년입니다. 한마디로 용신 金 기운이 철철 넘치는 해입니다. 더구나 이때의 대운도 戌과 土로 희신입니다. 그러니 대통령에 당선되지 않을 수 없었을 것입니다.』

"그러면 앞의 두 대통령과는 달리 전 대통령 본인의 용신으로 대통령에 당선된 것이네요?"

『그렇습니다. 온전히 자신의 운과 강력한 용신으로 대통령이 되었다는 것이 사주학적 판단입니다.』

"수치로 하면 어떻게 되나요?"

『용신 기운이 90%, 희신 기운이 10%로 대통령에 당선되니 결국 국민의 지지보다는 자신의 힘으로 대통령이 되었다고 할 수 있습니다.』

"그럼 전 대통령도 앞의 두 분 대통령처럼 대통령 당선 가능성 등을 수치로 설명하여 주시면 좋겠습니다."

『대통령 당선 가능성은 100%입니다.』

"그럼 제왕 사주에 속하는 것 아닌가요?"

『제왕 사주에 속한다고 할 수 있지만, 대한민국의 대통령 사주는 아닙니다.』

"아니, 제왕 사주면 대통령 사주가 아닌가요?"

『제왕 사주와 대통령 사주, 특히 대한민국의 대통령 사주와는 별개의 개념입니다.』

"그러나 사주학 원리상 관성 火가 일간이자 용신인 金을 궁극에는 剋 하므로 결국 좋은 것만은 아니지 않나요?"

『앞에서도 이미 설명하였습니다. 관성이 악운이므로 대통령이 되면 결국 본인이 힘들어지는 사주입니다. 연운과 대운이 매우 좋아 대통령이 되었지만 말씀하신 대로 궁극적으로 관성은 전 대통령 본인을 剋 하므로 바람직한 것은 아니라고 할 수 있습니다.』

"그러면 어떻게 된다는 것인가요?"

『대통령에 당선되어 대통령직을 수행하는 명예는 얻었지만, 그 명예가 오히려 본인에게 좋지 않은 결과를 가져온다는 의미가 됩니다.』

"전 대통령은 퇴임 후 나름대로 개인적으로는 수많은 어려움을 겪고 있지만, 아직도 단 한 걸음도 물러서지 않고 강건한 것으로 보이는데 그 이유는 무엇인가요?"

『이미 말씀드린 대로 전 대통령의 일간은 강하고, 용신 또한 진용신으로 강합니다. 따라서 추진하고 버티는 힘이 강하여 웬만한 어려움이나 고통에 흔들리지 않는 힘이 강하기 때문입니다.』

"정말 앞의 두 대통령과는 사뭇 다른 사주 유형이라는 생각이 드네요."

『그렇습니다. 앞의 두 대통령과는 사주학적으로 여러 가지가 다릅니다. 따라서 사주학을 공부하는 분에게는 적지 않은 공부가 되었을 것으로 생각합니다.』

"그러면 정리하는 의미에서 전 대통령의 대통령으로서의 사주학적 분석을 듣고 싶습니다."

『이미 설명한 대로 용신과 희신이 진신으로 매우 강력하며, 연운이 용신해로 매우 좋아 자신의 힘으로 대통령이 되었다는 것이 1차 판단이고, 겁재가 매우 강하고 이것이 용신이므로 사람을 제압하는 힘이 매우 강한데, 용신이 대한민국을 제압할 수는 있으나 포용하기는 쉽지 않으므로 퇴임 후 개인적으로 여러 가지 어려운 일을 겪게 되고 지금까지도 수십 년 동안 재판을 받는다는 생각이 듭니다.』

"그러면 전 대통령이 구속된 것도 사주학적으로 판단이 가능한가요?"

『물론 가능합니다. 전 대통령이 구속된 1995년은 乙亥년이고 이때의 대운은 乙酉입니다. 따라서 대운과 연운을 합한 선운과 악운의 비율은 26 : 74입니다.』

"그러면 운이 나쁘지만 100% 나쁜 것도 아닌데 왜 구속이라는 치욕을 당했나요?"

『몇 가지 이유가 있습니다. 첫 번째로는 전 대통령에게 관성은 본인에게 악운입니다. 따라서 대통령을 하려고 시도하지도 말았어야 합니다. 그러나 잘 아시다시피 무력으로 권력을 잡고 대통령이 되었습니다. 즉 스스로 악운의 늪으로 들어간 형국입니다.』

"한마디로 원초적인 잘못이 첫 번째 이유군요. 그럼 두 번째는요?"

『두 번째는 이때가 김영삼 대통령 재임 기간 중인데 김 대통령의 희신이 火 기운입니다. 그런데 전 대통령의 용신과 일간은 金 기운입니다. 더구나 김 대통령은 제왕 사주인 동시에 대한민국 역대 대통령 중에 가장 이상적인 대통령으로 사주상으로 그 힘이 매우 막강합니다. 물론 전 대통령도 강력한 용신과 일간이지만 김 대통령보다는 약합니다. 그리고 김 대통령의 희신 火 기운은 전 대통령의 용신 金 기운을 剋 하는 힘입니다. 따라서 전 대통령은 이때 조용히 자숙하고 있어야 했습니다. 그러나 자신의 강력한 기운이 본인을 자숙하지 못하게 하였습니다. 따라서 김 대통령에게 剋 당하고 말았던 것입니다.』

"그럼 혹시 김 대통령과 전 대통령의 일간과 용신의 힘을 비교하여 주실 수 있나요?"

『58 : 42로 김 대통령이 우세합니다.』

"한마디로 김 대통령을 사주학적으로 이길 수 없으므로 조용히 지내야 하는데, 그렇지 않아 결국 힘이 더 강한 김 대통령에게 당했다는 판단이네요. 또 있나요?"

『마지막으로 대한민국이라는 국가의 오행인 甲 木과 전 대통령의 용신인 金이 상극인데, 더불어 대한민국이라는 甲 木이 전 대통령의 희신 土와도 상극입니다. 즉 대한민국이라는 국가를 상징하는 오행인 甲 木을 중심으로 전 대통령의 용신, 희신 좌우가 모두 상극이니 국가의 일로 개인적 어려움이 있을 수밖에 없는 것입니다. 즉 이는 관성 운이 본인에게 악운이 된다는 것과 일맥상통한 것입니다.』

"그러면 사주학적으로 전 대통령은 어떻게 해야 하는 것이 좋은가요?"

『올해가 어쩌면 마지막 기회입니다.』

"무슨 마지막 기회라는 건가요?"

『자신의 강함을 겸허히 숙이고 반성하는 모습을 진실하게 보여 국민으로부터 용서받을 수 있는 마지막 기회라는 것입니다.』

"올해가 지나면 기회가 없나요?"

『올해 꼭 해야 한다고 생각합니다.』

# 여섯 번째 강의
# - 노태우 대통령의 사주 분석

『이제 네 번째로 노태우 대통령의 대통령으로서의 사주를 분석하여 보겠습니다. 인터넷에 보니 노 대통령의 생년월일이 양력 1932년 8월 17일로 되어 있어 그것을 기준으로 판단하였습니다.』

```
          노태우 대통령 사주
       (생일: 1932년 양 8월 17일)
            壬  辛  己  壬
           정재 식신    정재
            申  亥  亥  申
           상관 정재 정재 상관


     1  11  21  31  41  51  61  71  81  91
     壬  癸  甲  乙  丙  丁  戊  己  庚  辛
     子  丑  寅  卯  辰  巳  午  申  酉  戌
```

『먼저 오행 분석을 하겠습니다. 일간 土 기운은 전체 오행 기운의 약 27.5%를 차지하고 있고요, 정재 水 기운은 약 38.7%를 차지하고 있으며,

식상 金 기운은 27.5% 정도 차지하고 있고, 정관 木 기운은 6.3% 정도 차지하고 있으나 인성 火 기운은 전혀 없습니다.』

"인성 기운이 없다는 것은 일간을 돕는 힘이 없다는 뜻이 아닌가요?"

『사주학 원리대로라면 맞습니다. 그러나 아직 꼭 그렇다고 단정하기는 이릅니다. 더 살펴야 하는 것들이 남아 있으니까요. 진행하겠습니다. 이 사주는 신약 사주입니다. 즉 일간 己가 亥 월에 태어났는데 사주 속에 재성과 식상의 힘이 강하므로 일간의 힘이 상대적으로 약하므로 신약 사주라고 한 것입니다. 실제로 각각의 오행의 힘을 수치로 비교하여 보시면 쉽게 알 수 있을 것입니다.』

"그렇군요. 일간 己 土의 힘은 약 27.5%인데, 재성과 식상의 힘을 합한 것은 66.2%이고 관성의 힘까지 합하면 70%를 넘으니 일간의 힘이 상대적으로 매우 약한 것 같습니다."

『따라서 사주의 균형을 위해서 이 사주의 용신은 일간 己 土와 같은 오행인 비겁으로 용신으로 삼아야 합니다. 그러면 土 기운이 용신이고, 火 기운이 희신이며, 관성 木 기운이 기신이 되고, 재성 水 기운이 구신仇神이 됩니다.』

"그런데 선생님, 노 대통령의 사주 속에는 일간 己 土 이외에 土 기운도 없고, 희신 인성 火 기운은 아예 없는데요?"

『그렇습니다. 매우 독특한 사주라고 할 수 있습니다.』

"그러면 어떻게 하나요?"

『이 사주의 지장간 속에 土 기운이 제법 있습니다.』

"그러면 희신 火 기운도 지장간에 있나요?"

『희신 인성 火 기운은 없습니다.』

"그러면 사주 판단이 안 되는 것 아닌가요?"

『그렇지 않습니다. 대운과 연운에서 얼마든지 인성 火 기운이 올 수 있으니까요.』

"그러면 이 사주의 용신과 희신은 진신인가요, 가신인가요?"

『모두 진신입니다.』

"그러면 일단 전두환 대통령과 같은 진신 용신 사주네요?"

『그렇습니다. 그러나 같은 진신이라고 사주 판단이 같은 것은 아니므로 착각하지 마시기 바랍니다. 이제 이 사주를 간략히 살피겠습니다. 우선 앞에서도 잠깐 언급했다시피, 이 사주는 지장간이 강합니다. 왜냐하면 용신과 희신이 모두 지장간 속에 있을 정도니까요.』

"지장간 속에 용신과 희신이 있다면 어떤 특성이 있나요?"

『한마디로 속이 강한 분입니다. 즉 겉으로는 부드럽게 보이지만 속이 매우 강한 분이라고 생각합니다. 더구나 관운을 뜻하는 관성도 사주 속에 없고 지장간 속에 있습니다. 한마디로 노 대통령은 귀중한 것은 모두 지장간 속에 숨겨두고 있다고 해도 과언이 아닙니다. 여성 대부분이 가지고 있는 신약 사주가 노 대통령의 사주이므로 겉으로 보기에는 유약하고, 부드러우며, 큰 뜻이 없는 것처럼 보이지만 실제 그 속은 한없이 깊고 강하므로 기회를 엿보고 있다가 조용히 그 기회를 잡는 특성이 있다고 할 수 있습니다.』

"당시를 회상해보면서 설명을 들으니 절로 웃음이 날 정도입니다. 사주학이 참으로 대단하다는 말밖에 할 수 없을 정도군요."

『이제 대통령과 관련된 내용을 살피겠습니다. 1987년 丁卯년은 대통령 선거가 있었던 해입니다. 이때가 노 대통령이 56세 되는 해로 대운은 丁巳로 노 대통령에게 매우 좋은 희신 火대운입니다. 그리고 연운 丁은 희신 火 기운이니 당연히 좋고, 卯는 편관 운이자 장성將星 운이므로 생살지권生殺之權을 쥐는 운이므로 막강한 세 분의 김 씨를 상대로 직선하여 대통령에 당선됩니다.』

"卯는 관성으로 일간을 힘들게 하는 운이 아닌가요?"

『사주 속 관성의 힘은 약 6.3%이고, 일간의 힘은 약 27.5%입니다. 그리고 대운의 간지 모두와 연운의 丁이 모두 희신 火입니다. 따라서 이때 관성의 힘은 일간을 힘들게 하는 쪽으로 움직이기도 전에 재생관, 관생인, 인생용신(일간)의 흐름에 따를 수밖에 없습니다. 따라서 극운剋運 관성이 역逆으로 작용하지 않고 순順으로 작용할 수밖에 없으므로 노 대통령은 최고의 권력인 대권을 잡을 수 있었던 것입니다. 그리고 1988년 戊辰년에 대통령에 취임하는데 이 해는 바로 희신 운이 매우 강력한 해입니다.』

"그러면 노 대통령은 자신의 힘으로 대통령이 되셨나요?"

『우선 노 대통령은 대통령 당선 가능성이 100%입니다. 그리고 그 가능성 중에 자신의 힘이 90%이고 10%는 조력자와 국민의 힘이라고 할 수 있습니다. 따라서 제왕 사주에 버금가며 대한민국의 대통령에 취임할 수 있는 자격을 사주학적으로 갖추었다고 할 수 있습니다. 또한 노 대통령 61세부터 시작하는 戊午 대운의 午의 정기正機인 丁 火 희신은 사주 속 네 지지 모두의 지장간에 있는 壬 水와 정임합목丁壬合木이 되어 木 기신忌神이 되어 강력한 악운 대운이 되었습니다. 따라서 1995년 乙亥년은 모두 水과 水 운이므로 악운인 기신과 구신仇神 해가 되어 결국 구속되었습니다. 더구나 水 악운 구신仇神은 사주 속에도 약 38.7%를 차지하고 있을 정도로 힘이 있는데 이렇게 연운마저 강력한 水운이 왔는데 좋았던 대운이 합이 되어 또 강력한 水 악운으로 변했으니 참으로 힘들고 어려운 악운을 만날 수밖에 없었던 것입니다. 또 이렇게 水 운이 엄청나게 강해지면 잠잠하던 관성이 갑자기 힘을 얻어 극성스럽게 일간과 용신을 공격하는데, 더 안타깝게도 희신 대운 午가 자화간합을 하여 강력한 기신 관성으로 변했으니 안 그래도 강력한 관성이 더더욱 강해져서 용신과 일간을 무차별 공격하니 노 대통령은 사면초가 상태에 빠지지 않을 수 없게 된 것입니다.』

"설명 중에 대운 午의 지장간에 있는 정기 丁과 사주 속 네 개의 지지에 모두 있는 壬 정기와 丁壬 간합을 이루어 강력한 관성 木 기운이 되었다고 하셨는데 그 木 기운이 어느 정도인지 알 수 있나요?"

『아마도 수치로 알기 쉽게 설명해 달라는 것 같군요. 자화간합이 된 후 木 관성의 힘은 약 47.7%가 됩니다. 그런데 이 관성을 돕는 것이 재성이므로 재성의 힘까지 합하면 악운 전체의 힘이 거의 90%에 육박하게 됩니다. 이해가 되셨습니까?』

"듣고 보니 매우 안타깝지만 노 대통령은 구속되는 불명예를 피할 수 없었던 해인 것 같습니다."

『이제 노 대통령의 대통령으로서의 사주학 판단을 정리하겠습니다. 용신, 희신 등이 모두 진용신이지만, 사주 속에는 없는 특이한 사주인데 악운 기신마저 사주 속에 없는 정말 특이한 사주입니다. 그러나 용신과 희신이 진용신이니 힘이 있다고 할 수 있고, 용신이 오행의 중심인 土 운이므로 대운과 연운과 관성운이 좋은 1987년에 대통령에 당선될 수 있었습니다.』

"그러면 대한민국이라는 국가와의 인연은 어떤가요?"

『대한민국의 오행은 甲 木입니다. 그리고 노 대통령의 일간이자 용신은 土입니다. 즉 대한민국이 노 대통령을 힘들게 하는 인연이라고 보이지만 일간 己와 甲이 합이 되어 용신 土가 되므로 이상적인 인연이라고 할 수 있습니다.』

"그러면 노 대통령은 제왕 사주인가요?"

『100% 제왕 사주라고 할 수는 없지만, 제왕 사주에 버금가며 대한민국의 대통령이 되기에는 충분한 사주입니다.』

"왜 100% 제왕 사주로 보기는 힘든가요?"

『가장 큰 이유로는 일간과 용신의 힘이 너무 약하기 때문입니다.』

"재임 기간 중의 운은 어떤가요?"

『나쁘지 않습니다. 다만 용신과 일간의 힘이 약하므로 강력한 대통령직 수행에는 조금 한계가 있다고 보입니다.』

"노 대통령의 대통령으로서의 사주 풀이를 모두 듣고 보니 착잡한 생각이 드는 것 같습니다."

# 일곱 번째 강의
## - 이명박 대통령의 사주 분석

『이명박 대통령은 양력으로 1941년 12월 19일생인데 음력으로는 1941년 11월 2일생입니다. 따라서 사주는 다음과 같습니다.』

```
            이명박 대통령 사주
       (생일: 1941년 양 12월 19일/음 11월 2일)
              辛   庚   辛   辛
             비견  겁재       비견
              巳   子   丑   卯
             정관  상관  인수  정재

       4   14  24  34  44  54  64  74  84  94
       기   무   정   병   을   갑   계   임   신   경
       해   술   유   신   미   오   사   진   묘   인
```

『우선 사주의 오행을 분석하겠습니다. 일간 金의 비율은 약 32.4%이고, 土 인성은 약 14.4%, 火 관성은 약 10%, 水 식상은 약 24.4%, 木 재성은 18.8%입니다. 따라서 오행을 모두 갖추고 있고 일간이 조금 강하지만 나름

대로 오행의 균형도 갖추었다고 할 수 있습니다.』

"그럼 용신과 희신은 무엇인가요?"

『용신은 인수 土 기운이고, 희신은 관성 火 기운입니다.』

"사주 속 오행으로 살핀 이 대통령의 특성은 무엇인가요?"

『비겁이 많은 사주이므로 자존심이 강하고 과감한 면이 있으며, 자기주장이 확실하고, 추진력이 있다고 생각합니다. 그리고 음의 기운이 양의 기운보다 강하므로 마음속으로 모든 것을 품고 있는 스타일이라고 할 수 있어 그 속을 알기 쉽지 않다고 판단됩니다. 또한, 金 기운이 강하므로 의리가 있으나, 배신자나 마음에 들지 않는 사람이 있으면 철저히 응징하는 특성도 있다고 보입니다.』

"관운과 관련 있는 관성 운은 어떤가요?"

『희신이 관성, 특히 정관이니 좋은 대운과 연운을 만나면 차근차근 크게 오를 수 있는 사주라고 생각합니다.』

"용신과 희신이 진신인가요? 가신인가요?"

『아쉽지만 가신입니다. 따라서 매우 좋은 운이 오면 오히려 악운이 될 수 있으므로 유념해야 할 것입니다. 이제 이 대통령의 대통령으로서의 사주를 간단히 살피겠습니다. 우선 2007년 67세 대선 때 대운은 癸巳로 희신 운도 있지만 기신 악운이 더 강한 대운으로 대운은 좋은 편이 아닙니다. 그리고 이때의 연운은 丁亥입니다. 丁은 희신 운이니 좋지만, 亥는 역시 구신仇神 운으로 좋지 않습니다. 따라서 2007년 대통령 선거 때의 운은 그렇게 좋은 운이 아니었습니다. 아니, 오히려 나쁜 운이 더 크다고 할 수 있습니다.』

"좋은 운과 나쁜 운의 비율이 어느 정도인가요?"

『30 : 70으로 나쁜 운이 더 강합니다.』

"그런데 어떻게 대통령에 당선되었나요? 그것도 제법 많은 표 차이로 당선되었다고 생각하는데요?"

『대운과 연운에서 강력한 기운은 식상으로 子 水 기운입니다. 그리고 이 사주의 희신은 관성 운입니다. 따라서 식생재, 재생관의 좋은 흐름이 식상 水 기운으로 시작됩니다. 더구나 사주 속에도 水 기운이 제법 있습니다. 따라서 이 강력한 水 기운으로 인하여 결국 관성이 크게 흥하여 대통령에 당선됩니다.』

"관성은 일간을 剋 하므로 관성이 희신이면 일간을 힘들게 하는 것 아닌가요?"

『그렇게 생각할 수 있습니다만 그렇게 생각하면 안 됩니다. 왜냐하면 사주 자체만으로는 일간이 기준이지만, 일단 용신이 결정되면 모든 사주 판단의 중심은 용신이기 때문입니다. 따라서 관성이 용신이나 희신일 때에 식상 운이 오면 식생재, 재생관의 흐름을 타므로 관운의 길에 큰 운이 온다고 판단하면 됩니다.』

"바로 2007년 대선 때 이 대통령의 사주가 이 설명을 뒷받침하고 있네요."

『이어서 2008년은 戊子 연운입니다. 따라서 戊는 土 운이니 길신에 해당하고, 子는 水 운이라서 선운善運 구신求神 식상 운입니다. 따라서 또다시 식생재, 재생관의 흐름의 시발점이 되니 관성 운이 좋아져 대통령에 취임하게 됩니다.』

"그러면 이 대통령의 대통령 될 가능성은 어느 정도인가요?"

『희신 관성 운 힘의 크기가 대운과 연운의 강력한 식상 운의 도움으로 100%가 넘을 정도로 강해졌으므로 대통령이 될 가능성은 100%라고 할 수 있습니다. 즉 국민의 지지가 강력하다는 의미입니다.』

"아! 이제 당시의 상황이 충분히 이해가 되네요."

『이 대통령이 77세 되는 2018년은 戊戌년입니다. 그리고 이때의 대운은 壬辰입니다. 따라서 戊도 土 길신 운이고, 戌도 土 길신 운이며, 대운의 辰도 土 길신 운이며 대운 壬은 水 운으로 식상 운이니 좋은 운이 곳곳에 깔릴 정도로 대단히 좋은 운입니다. 그러나 이럴 때 무엇이 생각나나요?』

"가용신이 생각납니다."

『맞습니다. 매우 좋은 용신 운이고 식상 운이지만 이 대통령의 용신이 본래 가용신이므로 안타깝게도 대단히 나쁜 악운이 되었습니다. 결국, 어떻게 되었나요?』

"이 대통령이 불명예스럽게 구속되었습니다."

『그렇습니다. 앞에도 이런 사례가 있었는데 또 똑같은 상황이 생겼습니다. 참으로 국가에게도 국민에게도, 이 대통령 본인에게도 안타까운 일이 아닐 수 없습니다. 그러나 사주학은 냉정하게도 이것을 놓치지 않고 있습니다.』

"최고의 운이 최악의 운이 된다는 가르침이 새삼 우리에게 참신한 교훈으로 다가오는 것 같습니다."

『이제 이 대통령의 대통령으로서의 사주 분석을 간략하게 요약 정리하겠습니다. 우선 오행이 균형이 있고 관성이 희신인데 정관이 희신이므로 식생재, 재상관, 관생재의 흐름을 만나면 관운이 매우 흥하여 높은 관직에 오르게 되는데, 아쉬운 것은 용신과 희신이 모두 가용신, 가희신이라는 점입니다.』

"대한민국이라는 국가와의 인연은 어떤가요?"

『대한민국은 甲 木이므로 이 대통령 용신 기준으로는 상극이 됩니다. 즉 대한민국이라는 국가가 이 대통령을 힘들게 한다는 의미입니다. 그뿐만이 아니라 이 대통령의 일간 辛 金과도 상극입니다. 즉 국가도 이 대통령을 힘들게 하지만, 이 대통령도 국가를 힘들게 한다는 의미가 됩니다.』

"참으로 안타까운 일이 아닐 수 없네요."

『그렇습니다. 관운이 크게 터져 대통령이 되었으나 국가와 서로 상극의 인연이 되었으니 재임 중에도 퇴임 후에도 참으로 힘들었을 것이고, 국가와 국민도 또 한 번 안타까운 역사를 경험하고 말았습니다.』

"그러면 이 대통령 역시 제왕 사주는 아닌가요?"

『당연히 아닙니다. 이미 대통령이 된 과정과 퇴임 후의 운을 설명하였고 또 대한민국 대통령 사주의 필요충분조건을 설명하였습니다.』

"그러면 혹시 현재 수감 중이신 이 대통령께서 언제 사면되고 출소하시는지 아시나요?"

『사주학적으로는 물론 알고 있습니다.』

"말씀해주시면 안 되나요?"

『이해하여 주시기 바랍니다.』

# 여덟 번째 강의
## - 노무현 대통령의 사주 분석

『노무현 대통령의 사주는 1946년 9월 1일을 기준으로 살폈습니다. 우선 사주와 대운과 대운수를 보시지요.』

```
              노무현 대통령 사주
           (생일: 1946년 양 9월 1일)
              丙    丙    戊    丙
              편인  편인        편인
              戌    申    寅    辰
              비견  식신  편관  비견

        2   12  22  32  42  52  62  72  82  92
        丁  戊  己  庚  辛  壬  癸  甲  乙  丙
        酉  戌  亥  子  丑  寅  卯  辰  巳  午
```

『우선 노 대통령의 오행을 분석하겠습니다. 노 대통령 사주는 일간 오행이 모두 있으나 오행의 비중은 많은 차이가 납니다. 즉, 인성 火 기운이 약 25%, 일간 土 기운이 약 39.5%, 식상 金 기운이 약 26%, 관성 木 기운이 약 5.7%, 재성 水 약 3.8% 정도로 오행을 구성하고 있습니다. 그리고 오행 음양을 살피면 양의 기운이 강하다고 할 수 있습니다.』

"오행의 비율을 보니 일간 土 기운과 일간을 돕는 火 기운이 전체 기운의 65.5% 정도 되는데 용신은 무언인가요?"

『이 사주는 언뜻 보면 일간 戊가 申 식신 달에 태어났으므로 신약처럼 보이지만 지금 말씀하신 것처럼 일간의 기운과 일간을 돕는 기운이 전체 기운의 65.5% 정도가 되므로 종격 사주로 종왕격에 해당하므로 용신은 일간과 같은 기운인 土가 되고 희신은 인성 火가 됩니다. 따라서 시지의 辰 土가 용신이 됩니다.』

"그럼 기신은 관성 木이고 한신은 식상 金과 재성 水가 되나요?"

『일단 원리에 따르면 그렇게 됩니다만 설명한 것처럼 상생의 판단이 우선이므로 기신 등 상극의 판단은 상생 판단 후에 해야 할 것입니다. 특히 관성은 관운 또는 사회 운, 직장 운 등을 판단하는 기준이므로 식생재, 재생관의 흐름을 세심히 살피는 것이 더 중요하다는 것을 잊지 마시기 바랍니다. 그러나 관성이 기신 악운이므로 관직에 나가는 것이 노 대통령 본인에게는 이롭지 못하다는 것을 잊지 마시기 바랍니다.』

"그러면 노 대통령의 용신은 진용신인가요? 가용신인가요?"

『진용신입니다.』

"진용신이면 좋은 것 아닌가요?"

『물론 가용신보다는 좋지만, 용신 하나만으로 사주 전체를 판단하지 않으므로 그렇게 단정하는 것은 경계해야 합니다.』

"선생님께서는 지금까지 단식 판단에 속하는 사주 판단은 거의 하지 않았는데 어떤 이유가 있나요?"

『물론 단식 판단까지 상세히 하는 것이 아무래도 더 정확한 판단이 되겠지요. 그러나 지금 여기는 역대 대통령의 사주 전체를 판단하는 자리가 아니고 대통령으로서의 장단점을 판단하는 자리이므로 그런 세세한 판단을 하지 않는 것입니다. 다만 운에 결정적인 역할을 할 수 있는 단식 판단의 항목이 나타날 때만 적용하는 것입니다.』

"그러면 이 노 대통령의 사주에 운에 결정적인 영향을 줄 수 있는 단식 판단의 항목이 있나요?"

『더 상세하게 살핀다면 여럿 있겠지만 우선 눈에 보이는 것은, 일지 寅과 월지 申의 충이 보이네요. 일단 이 정도로 하고 노 대통령의 대통령으로서의 사주학적 판단을 시작하겠습니다. 2002년은 壬午 연운이고 이때의 대운은 壬寅입니다. 따라서 언뜻 보면 운이 좋기는 좋지만 그렇게 좋을 것으로 보이지 않습니다. 왜냐하면, 대운의 寅은 강력한 木으로 강력한 악운 기신에 해당하기 때문입니다. 그러나 이 악운 寅이 사주 속의 申과 만나면서 충이 되어 악운이 사라져서 좋은 운 쪽으로 흐를 수 있는데, 사주 속에 이미 寅과 申 충이 있기에 충의 힘이 더욱 강력해졌으므로 최악의 악운이 최고의 운으로 전환했습니다. 더구나 연운의 午마저 희신 운이니, 결국 별로 좋지 않을 것 같은 운이 최고의 운이 되어 대통령에 당선됩니다.』

"충이 그렇게 강력한 힘을 가졌나요?"

『그렇습니다. 사주학 이론에 충과 같은 살이 형, 충, 파, 해 이렇게 네 종류가 있는데 그중에서 충이 가장 강력한 힘을 가졌습니다.』

"어느 정도 강력한 힘이 있나요?"

『사람의 사망 원인이 될 정도로 강한 기운입니다.』

"노 대통령은 2002년에 대통령에 당선되었는데 사주학적으로 본인의 힘으로 당선되었나요, 아니면 조력자의 힘으로 당선되었나요?"

『두 힘 모두가 연합하여 당선되었다고 판단합니다. 왜냐하면 연운 수는 희신이므로 조력자의 힘이고, 최악의 악운을 최고의 운으로 바꾼 것은 노 대통령 본인 사주의 힘이기 때문입니다.』

"그러면 굳이 나눈다면 어느 쪽 힘이 대통령에 당선되는 데 더 큰 역할을 했다고 생각하시나요?"

『노 대통령 본인의 힘이 더 영향을 끼쳤다고 생각합니다. 조금 더 부언한다면 노 대통령의 당선 가능성은 45% 정도였습니다. 즉 당선될 확률만 본다면 50%가 안 되므로 낮다고 할 수 있습니다. 그러나 결과는 당선되었습니다. 왜 그럴까요?』

"설명이 조금 어렵다고 생각하는데 무슨 말씀이신가요?"

『단적으로 답해서 대통령 당선에 노 대통령 용신의 힘이 크게 작용하지 않았다는 것입니다. 즉 39.5%의 자력自力을 가진 용신이 적극적인 역할을 하지 못했고, 오히려 지지자들, 조력자들에 해당하는 25%의 희신(조력자)이 더 큰 역할을 했고, 더구나 노 대통령 정치 상대방 측을 공격하여 얻은 힘이 더 컸다고 판단되기 때문입니다.』

"노 대통령 상대를 공격하여 얻은 힘이 더 컸다는 의미는 무엇인가요?"

『당시 대운과 연운을 보면 기준으로 살피면 앞에 이미 설명한 대로 최악의 악운을 충하여 최고의 운이 되었기 때문입니다. 그래서 희신 조력자와 정치적 상대를 충한 힘이 먹혀들어 가서 최고의 운을 얻은 것입니다.』

"설명을 듣고 보니 새삼 당시의 정치 상황이 생각나네요. 그럼 대통령 당선에 본인 용신의 힘보다 지지자, 조력자들의 힘과 상대를 공격하여 얻은 이득이 중요한 역할을 하였다면 대통령직을 수행할 때 어떤 현상을 예상할 수 있나요?"

『조력자, 지지자들이 계속 지지할 수 있는 행보를 해야 할 것입니다. 그렇지 않으면 그 지지자, 조력자들이 떠날 것이니까요.』

"많은 것을 다시 한 번 생각하게 하는 대목이네요."

『2009년은 癸卯 대운에 己丑 연운입니다. 그런데 대운 癸와 卯는 모두 〈-〉 음간이고, 연운 己와 丑도 모두 〈-〉 음간이므로 연운과 대운이 모두 음이 되어 음의 기운이 너무 강력합니다. 그런데 노 대통령의 사주 여덟 글자는 모두 〈+〉 양간입니다. 우선 이 음양의 설명을 기억하시기 바랍니다.』

"무엇이 또 있나요?"

『그렇습니다. 조금 설명이 어렵지만 이해하실 수 있다고 생각하므로 설명하겠습니다. 사주 속의 일지 寅의 정기正氣가 甲인데, 2009년이 己丑입니다. 따라서 寅의 정기正氣 甲과 연간의 己가 만나서 합을 이루었습니다. 그런데 여기서 끝나지 않고 己丑의 丑의 정기 己가 또 寅의 정기 甲과 만나 똑같은 합을 이루었습니다.』

"그런데 이 합이 어떤 중요한 의미가 있나요?"

『당연합니다. 만일 합을 이루지 않았으면 寅의 정기 甲은 〈+〉 양간입니다. 그것도 매우 강한 양간입니다. 그러나 합이 되면서 이 양간의 힘이 모두 사라졌습니다. 결국, 2009년에 대운과 연운에 양간은 단 한 개도 없어 음간이 철철 흘러넘치게 되었습니다. 따라서 이렇게 흘러넘친 음간이, 힘이 있는 용신 辰의 양간과 뭉쳐서 용신의 힘이 모두 사라졌습니다.』

"용신의 힘이 모두 사라졌다는 것은 어떤 의미인가요?"

『용신이 전혀 힘을 못 쓴다는 말이니 죽는다는 뜻입니다.』

"그러면 甲己의 합은 왜 설명하셨나요?"

『중요한 질문입니다. 노 대통령의 서거와 직결되니까요. 노 대통령의 일간은 土이고 용신도 土입니다. 그런데 甲과 己가 合 하면 그 기운이 土가 됩니다. 즉 일간이자 용신이 된다는 뜻입니다. 따라서 이렇게 만들어진 강력한 土 기운이 용신 辰 土를 도우니 사실 운이 매우 좋은 해입니다.』

"그런데 왜 서거하셨나요?"

『갑기합토甲己合土로 만들어진 길신 土 기운이 용신 辰 土를 강력하게 도와서 매우 좋은 운이 되었지만, 용신 辰은 〈+〉 양간입니다. 따라서 〈+〉 양간의 기운이 대단히 강력해졌습니다. 그런데 앞에 설명한 것처럼 이런저런 이유로 2009년은 〈-〉음간이 매우 강력한 해였습니다. 즉 강력한 용신 양간과 강력한 음간이 만나 합을 이루니 용신의 힘이 사라졌던 것입니다.』

"그럼 모두가 잘 아시다시피 노 대통령께서는 자결하셨는데 이 부분은 어떻게 된 것인가요? 이것도 사주학으로 판단할 수 있나요?"

『당연합니다. 조금 전 甲己合土를 설명하였고 또 土 기운은 일간이자 용신이라는 것도 이미 알고 계십니다. 즉 合의 기운이 덧붙여진 강력한 용신과 강력한 일간이 강력한 음의 기운을 만나 사라졌으니 서거하기는 하는데 자결로 서거한다는 의미입니다.』

"왜 그렇게 단정하시나요?"

『土가 일간이자 용신인데 合을 이루었고, 더구나 음양이 合을 이루어 土 기운이 모두 사라졌기 때문입니다. 바로 이런 현상을 사주 용어로 합묘合墓라고 합니다.』

"참으로 안타까운 역사의 한 페이지가 이렇게 사주학적으로 설명된다니 놀랍기만 할 따름입니다."

『그렇습니다. 이제 마무리하는 의미로 노 대통령의 대통령으로서의 사주 판단을 정리해 보겠습니다. 우선 진용신이라는 장점이 좋습니다. 그러나 대한민국은 甲 木인데, 이 木 기운이 노 대통령에게는 악운 기신이므로 아쉽다는 생각이 듭니다.』

"그러면 관성 기신 木이 노 대통령에게 악운으로 작용하지 않으려면 사주가 어떻게 되어야 하나요?"

『사주 속에 己 土가 있어야 합니다. 그런데 노 대통령 사주에는 己 土가 없고 지장간에 약간 있는 정도입니다.』

"대한민국의 오행 기운이 木인데 이 木이 노 대통령에게는 기신이라면 노 대통령에게 국가는 도움이 되지 않는다는 의미 아닌가요?"

『사주학적으로 판단하면 그렇습니다. 따라서 노 대통령은 대통령이 될 당시에는 이런저런 운이 매우 좋아 대통령이 되었지만, 사주학적으로 본다면 대한민국이라는 국가가 악운 기신이므로 대통령 재임 중이든 퇴임 후든 그다지 편하지는 않으셨을 것으로 생각합니다. 다만 지장간 속의 한점 己와 합을 이룰 수 있어 최악의 기신 형국은 면할 수 있다는 것을 부언합니다.』

"그러면 국가를 제어하고 다스리는 힘은 있다고 보시나요?"

『이미 설명한 대로 대한민국을 제어하고 다스리려면 강력한 木 기운을 억제하는 힘이 있거나, 木 기운과 合이 되어 대통령 본인에게 도움이 되는 운이 있어야 합니다. 그러나 안타깝게도 노 대통령에게는 그런 힘이 사주에 없습니다. 다만 연운과 대운에 그런 운이 올 수 있는데 2009년처럼 모두 강력한 음간의 결과를 만든다면 결국 최고의 좋은 운이 최악의 운이 되는 안타까움을 남기게 됩니다.』

# 아홉 번째 강의
## - 박근혜 대통령의 사주 분석

『박근혜 대통령은 1952년 2월 2일을 기준으로 사주 판단을 하였습니다. 우선 사주와 대운, 대운수를 보시기 바랍니다.』

```
           박근혜 대통령 사주
         (생일: 1952년 양 2월 2일)
            辛   辛   戊   癸
            상관  상관      정재
            卯   丑   寅   丑
            정관  겁재  편관  겁재

         1   11  21  31  41  51  61  71  81
         壬  癸  甲  乙  丙  丁  戊  己  庚
         寅  卯  辰  巳  午  未  申  酉  戌
```

『먼저 오행 분석을 하겠습니다. 일간 土 기운이 약 33.2%, 관성 木 기운이 약 28.6%, 재성 水 기운이 약 17.5%, 식상 金 기운이 16.3%, 인성 火 기운이 4.4%입니다. 따라서 일단 오행을 갖추고 있고 일간 土 기운과 관성

木 기운이 가장 강하게 나타나 있습니다. 그리고 이 사주의 또 다른 특징은 사주가 매우 차갑다는 것입니다.』

"사주가 차갑다는 것은 어떤 의미인가요?"

『사주 판단 중에는 한난습조寒暖濕燥라고 하여 사주의 여덟 글자가 각각 차가운가, 따뜻한가, 건조한가, 습한가를 판단하는데 이 사주는 사주 네 개의 기둥 윗부분 네 글자 중 辛과 癸가 차가운 기운을 나타내고 戊는 중간 기운을 나타내므로 차갑다고 표현한 것입니다. 그리고 아래의 네 글자 중에서 寅과 卯는 건조하고, 丑은 습하므로 균형이 잡혔다고 할 수 있습니다.』

"그러면 사주가 차갑다고 하는 것은 어떤 특성이 있나요?"

『특별한 특성을 설명할 수 있는 것은 아니고, 사주의 용신을 추출하는 하나의 방법이 되기도 합니다. 물론 더 깊이 들어가면 여러 가지 설명이 있습니다만 여기서는 생략하는 것이 좋을 것 같습니다. 양해 바랍니다.』

"그런 이 사주의 용신과 희신은 무엇인가요?"

『일간 戊 土가 월지 丑 土에 태어났으니 신강 사주입니다.』

"통상 여자는 신약 사주가 아닌가요?"

『여자의 경우 신약 사주가 상대적으로 많습니다. 그러나 남자 사주에도 신약 사주가 많이 있는 것처럼 여자 사주에도 얼마든지 신강 사주가 있습니다.』

"아, 그렇군요. 그럼 용신이 무엇인가요?"

『이 사주의 용신은 관성 木이고 희신은 재성 水입니다.』

"그럼 관성과 재성 운이 좋을 때는 높은 관직에 오를 수 있겠네요?"

『그렇습니다.』

"그럼 이 용신은 진신인가요? 가신인가요?"

『가용신이라고 할 수 있습니다.』

"아! 또 가용신이군요."

『이 사주를 보면 그냥 눈에 보이는 것이 있습니다. 바로 일간 戊와 시간 癸가 합이 되어 火 기운이 되는 무계합화戊癸合火가 된다는 것입니다.』

"이 戊癸合火의 특성이 있나요?"

『우선 합이 되어 강해진 火 기운이 기신 金을 억제하니 선운善運 구신求神의 역할을 하므로 좋은 운이라고 할 수 있습니다. 그리고 戊癸合火는 통상 무정지합無情之合이라고 하는데 이 사주처럼 戊 일생으로 癸의 간합이면 총명하며 일견 다정하나 내심은 무정하고, 원칙을 중요하게 여겨 사람들에게 신뢰를 주는 특성이 있습니다.』

"처음 설명하신 차갑다는 한寒과 함께 이 무계합화를 연관지어 보니 생각나는 것이 여럿 있는 것 같습니다. 사주학을 공부하다 보니 공망이라는 것이 있기에 이 사주에 적용하여 보았더니 대운 申과 酉에 공망이 있던데 이것은 어떻게 해석하나요?"

『대운에는 공망이 적용되지 않습니다. 따라서 그냥 대운의 오행과 육신대로 사주를 판단하면 됩니다.』

"박 대통령의 사주학적 운을 설명하여 주시면 좋겠습니다."

『우선 20세까지의 대운은 모두 水 운과 木 운이므로 길신吉神 운입니다. 따라서 어렵지 않게 성장하고 보냈을 것입니다. 물론 제가 이렇게 말하지 않아도 모든 분이 다 아는 사실이지만 사주학적으로 드러나기에 말씀드리는 것입니다. 그러다 1974년 甲寅년이 되면서 운의 변화가 시작됩니다. 甲寅의 甲이나 寅 모두 木 운으로 단순하게 판단하면 용신과 같은 운이니까 대단히 좋은 운입니다. 그러나 이 설명을 들으면 이제 생각나는 것이 있으시지요?』

"예, 용신이 가용신이므로 최고로 좋은 운이 최악의 운이 되겠네요."

『그렇습니다. 바로 이 해에 어머니 육 여사가 문세광의 총탄에 맞아 서거하시면서 큰 어려움이 오고 말았습니다. 그리고 1979년 28세 己未년은 己도 未도 모두 土 운이므로 강력한 악운 구신仇神의 해이므로 아버지 박정희 대통령이 서거하였습니다. 47세인 1998년은 午 대운에 戊寅년입니다. 아시다시피 박 대통령에게 午는 기신 金을 억제하는 구신求神으로 좋은 운입니다. 더군다나 연운 寅은 강력한 木 운이므로 용신 운입니다. 따라서 대운은 기신을 억제하여 도움을 주고, 연운은 관성 용신 운이니 관운이 활짝 열려 대구에서 국회의원 보궐 선거에 당선되면서 정치에 입문하게 됩니다. 그러다 61세 2012년 壬辰이 옵니다. 이 壬辰의 壬은 水 기운으로 희신이고, 辰은 비록 겉으로는 土 기운으로 구신仇神이지만, 지장간에 용신 木 기운이 약 30%, 희신 재성 水 기운이 약 10% 등 총 40%의 길신이 있습니다. 따라서 연운 壬 水 희신 기운까지 합하여 길운이 흥하고 대통령 선거가 있었던 달이 희신 달이므로 대통령에 당선되었습니다. 62세 2013년 癸巳년의 癸는 일간 戊와 합이 되어 좋은 운인 구신求神이 되었고, 巳는 본래 火 기운이니 희신입니다. 또한, 대운 申과 연운 巳가 지합이 되어 강력한 희신인 재성 水가 되어 용신 관성을 강하게 도우므로 대통령직에 취임하게 됩니다.』

"설명을 듣고 보니 박 대통령도 대통령이 된 힘이 용신의 힘이라기보다는 희신의 힘이 더 많이 작용했다고 보이므로 지지자, 조력자들의 도움이 매우 컸다고 생각되네요."

『그렇습니다. 물론 사주 속에 관성 용신이 분명하므로 본인의 힘이 없었던 것은 아니지만 지지자, 조력자들의 힘이 더 강했다는 것은 분명합니다. 67세 때인 2017년은 丁酉년입니다. 즉 악운 기신 金 연운입니다. 그리고 이때의 대운 戌는 土 기운으로 악운 구신仇神이고, 대운 申은 金 기운으로 기신입니다. 즉 대운이나 연운 모두가 강력한 기신과 구신으로 넘쳐나니 매우 나쁜 악운의 해입니다. 결국, 모두 아시는 것처럼 탄핵 후 바로 구속되는 최악의 상황이 발생하였지요.』

"그러면 박근혜 대통령의 대통령으로서의 사주 분석을 정리하여 주시면 좋겠습니다."

『예, 이 사주는 신강 사주 같은 신약 사주로서 강하면서 약한 것이 특징입니다. 또 사주의 네 기둥의 천성 중, 세 개 기둥의 천성이 한寒입니다, 즉 차갑다는 의미입니다. 따라서 겉으로는 강하고 차갑고 냉정하게 보이나 속은 항상 연약하여 누구에게 의지하고자 하는 마음이 강합니다.』

"그러면 결혼하면 되는 것 아닌가요?"

『그것은 박 대통령 개인의 일이므로 답하지 않겠습니다. 바로 진행하겠습니다. 그런데 사주 속에 겁재가 있습니다. 이것은 친구, 조력자, 동업자 등을 뜻하지만 결국 본인에게 도움이 안 되는 조력자입니다. 그러나 속마음이 약하므로 이 조력자에게 빠지게 될 가능성이 매우 큽니다. 그런데 안타까운 것은 이 조력자 겁재가 박 대통령 사주에서는 악운 기신을 돕는 악운 구신 仇神입니다. 따라서 조력자 때문에 매우 힘들게 된다는 의미입니다.』

"아! 놀라운 일이 아닐 수 없습니다. 그리고 안타까운 일이고요. 선생님의 설명을 들으니 마음이 아프기까지 합니다."

『사주에서 아버지는 편재입니다. 그런데 박근혜 대통령의 경우 아버지 편재가 희신입니다. 즉 아버지가 딸 박근혜를 많이 돕는다는 것입니다. 더구나 이 아버지 편재는 사주에는 없고 지장간에 있습니다. 즉 은연중에 아버지의 도움을 많이 받는다는 의미입니다.』

"그럼 박근혜 대통령의 사주는 제왕 사주인가요?"

『아닙니다. 일간이 약하고 용신이 가용신이고, 재임 기간 중의 운이 그다지 좋지 않으므로 그렇게 보기 어렵습니다.』

"그러면 대한민국과의 인연은 어떠한가요?"

『이 사주는 관성 木이 용신이므로 일단 대한민국과 좋은 인연입니다. 바로 이것이 대통령으로 당선되는 이유 중의 하나이기도 합니다. 그러나 용신 관성 木은 진신이 아니라 가용신이므로 대통령으로서 힘의 한계가 있습니다. 더구나 일간과 용신의 힘이 상대적으로 크지 않고, 재임 기간의 운도 좋은 편이 아닙니다. 그리고 무엇보다도 겁재가 강한데 악운 구신仇神이므로 박 대통령의 주변에 대통령을 돕는 척하며 실은 대통령을 힘들게 하는 지지자와 조력자가 있어 그 조력자 때문에 대단히 힘든 상황을 만나므로 본인에게 참으로 안타까운 일이 아닐 수 없습니다.』

"아! 모두 듣고 보니 이것을 역사라고 해야 할지 운명이라고 해야 할지 판단하기 어려울 정도로 안타까움이 많이 남는 것 같습니다."

# 열 번째 강의
# - 김대중 대통령의 사주 분석

『김대중 대통령의 생년월일 양력 1924년 1월 8일을 기준으로 사주 판단을 하겠습니다. 우선 사주와 대운, 대운수를 보시기 바랍니다.』

```
            김대중 대통령 사주
          (생일: 1924년 양 1월 8일)
            癸    乙    丙    辛
           정관  인수       정재
            亥    丑    戌    卯
           편관  상관  식신  인수

    92  82  72  62  52  42  32  22  12  02
    乙  丙  丁  戊  己  庚  辛  壬  癸  甲
    卯  辰  巳  午  未  申  酉  戌  亥  子
```

『먼저 오행 분석을 하겠습니다. 일간 火 기운이 약 8.1%, 관성 水 기운이 약 23.1%, 인성 木 기운이 약 28.1%, 재성 金 기운이 약 13.8%, 식상 土 기운 26.9%입니다. 따라서 오행을 모두 갖추고 있고 나름대로 균형도 있다고 생각합니다. 그리고 일간 丙 火가 丑 월지에 태어났고, 오행의 기운 중 관성과 재성, 식상의 기운이 일간과 인성의 기운보다 더 많으니 신약 사주라고 할 수 있습니다.』

"그럼 용신은 무엇인가요?"

『인성 木 기운이 됩니다.』

"진신인가요?"

『아닙니다. 가용신입니다.』

"그럼 희신은 관성 水고, 기신은 재성 金이 되나요?"

『그렇습니다. 그리고 火와 식상 土는 한신이 되는데 사주 흐름에 따라 식상 土는 구신仇神이 되고, 火 기운은 구신求神이 될 것입니다. 그리고 특이한 것은 사주 속에 병신합수丙辛合水가 있는데 희신 역할을 하므로 나쁘지 않고, 아울러 무계합화戊癸合火도 있는데 火는 구신求神 역할을 하므로 역시 나쁘지 않습니다.』

"戊는 사주 속에 보이지 않는데 어떻게 戊癸合火가 있다는 말씀인가요?"

『일지 戌의 정기가 戊입니다. 따라서 戊癸合火는 자화간합이라고 합니다. 이제 이 정도로 기본 분석을 하고 본격적으로 정치인 김대중, 대통령으로서 김대중을 간략히 분석하여 보겠습니다. 1963년 41세 때는 연운이 癸卯입니다. 따라서 癸는 희신운이고, 卯는 용신과 같은 길신 운이므로 용신 관운이 좋아져서 제6대 국회의원에 당선됩니다. 그리고 1967년 45세 때 연운은 丁未입니다. 이 연운의 丁은 구신求神에 해당하고, 未는 구신仇神이지만 未가 공망이 되어 악운이 사라졌으므로 제7대 국회의원에 당선됩니다. 1971년 49세 辛亥년은 亥와 水 모두 관성이며 희신이므로 관운이 좋아져 제8대 국회의원에 당선됩니다. 1987년 65세 丁卯년에는 대운 午도 나쁘지 않고, 연운 丁卯도 용신과 같은 길신 운이자 求神의 해이므로 언뜻 보기에는 매우 좋은 운으로 보이나 실은 이 좋은 모든 운이 가신假神의 운이므로 악운이 되어 대통령 선거에서 노태우 후보에게 패배합니다.』

"아! 또 가용신의 작용을 보네요."

『1988년 66세 戊辰년의 戊는 戊癸合火 되어 악운 구신仇神이 좋은 운 구신求神이 되었고, 辰 악운 구신仇神은 사주 속의 戌과 충이 되어 악운이 사려졌습니다. 따라서 나쁜 운이 모두 좋은 운으로 변하면서 13대 국회의원에 당선됩니다. 1991년 69세 辛未년의 대운 戊는 역시 戊癸合火에 따라 좋은 운이 되었고, 대운의 午는 구신求神으로 좋으며, 연운 未는 기신仇神이지만 공망이 되어 악운이 좋은 운으로 바뀌었으므로 신민당 총재가 됩니다. 1992년 70세 壬申 때에는 연운 申이 강력한 기신의 해이므로 대통령 선거에서 김영삼 대통령에게 패배합니다. 그러나 1997년 75세 丁丑년에는 대운이 丁巳인데 모두 구신求神의 해로 좋은 운이며, 연운 丁丑의 丁도 마찬가지로 구신求神으로 좋은 운이기에 11월 15대 대통령에 당선되었습니다.』

"그런데 1997년의 연운의 丑은 살피지 않으셨는데요? 이유가 무엇인가요? 더구나 丑 土는 구신仇神이므로 김대중 대통령의 운에 나쁜 영향을 미치는데요?"

『좋은 질문을 하였습니다. 결과부터 말씀드리면 만일 연운 丑마저 좋은 운이었다면 대통령 선거에서 패했을 것입니다. 왜냐하면, 너무 좋은 운은 오히려 악운으로 변할 수 있기 때문입니다.』

"용신이 가용신이기 때문인가요?"

『그렇습니다.』

"그러면 김대중 대통령은 제왕 사주라고 할 수 있나요?"

『아닙니다. 오행이 나름대로 균형 있게 있고 관성이 용신이므로 높은 관직에 오를 수 있는 좋은 사주입니다.』

"그러면 역시 대통령 당선 이유가 본인 용신의 힘이라기보다는 지지자, 조력자의 힘이라고 할 수 있다는 말씀인가요?"

『그렇습니다. 특히 희신도 아니고 구신求神의 역할이 더 컸다고 생각하므로 대통령 당선에 국민의 힘이 가장 컸다고 생각합니다. 김대중 대통령이 87세가 되는 2009년은 辰 대운에 己丑 연운인데 辰이건 己건, 丑이건 모두 식상 구신仇神 土 기운이므로 최악의 악운이 겹쳐 서거하셨습니다.』

"그러면 이제 김대중 대통령의 대통령으로서의 사주를 정리하여 주시면 좋겠습니다."

『김대중 대통령 사주 역시 제왕 사주라고 판단하기에는 부족한 부분이 많습니다. 용신이 가용신인 것도 그렇고, 대한민국의 오행 甲 木 기운을 강력하게 통제하고 다스리는 힘이 없다는 것도 그렇습니다.』

"그러면 대한민국이라는 국가와의 인연은 어떤가요?"

『김대중 대통령의 용신이 木이므로 대한민국의 오행과 같으니까 좋다고 할 수 있습니다.』

"대한민국과 김대중 대통령의 용신이 같다면 국가를 다스리고 통제하는 힘이 있는 것 아닌가요?"

『오행의 기운이 같으면 서로 돕는 것은 잘 하지만, 통제하고 다스리고 제어하는 힘은 있다고 할 수 없습니다.』

"그러면 대한민국이라는 국가를 제어하고, 통제하고, 다스리는 힘은 사주학적으로 무엇인가요?"

『매우 강력한 金 운과 土 기운입니다.』

"앞의 몇 분 대통령의 용신이 土라고 생각하는데요?"

『용신이 土인 것과 다스리는 힘 土는 다릅니다. 따라서 용신이 土라고 하여 모두 대한민국이라는 국가를 다스리고 통제하는 힘을 가졌다고 단정할 수 없습니다. 더구나 사주학 원리상 木은 土를 강력하게 剋 합니다. 따라서 적당한 수준의 土 기운으로는 강력한 木 기운을 당해낼 수 없습니다. 그래서 앞의 몇 분 대통령의 土 용신 정도로는 어렵다고 한 것입니다. 더구나 그 土 용신이 진신이 아니고 가신이라면 더욱 대한민국이라는 木 기운을 이기기 어렵습니다. 더구나 김대중 대통령의 경우에는 土 기운이 악운 구신仇神이므로 더욱 대한민국이라는 木 기운을 다스리기 어렵습니다. 만일 다스린다고 무리하면 오히려 김대중 대통령 본인이 크게 다칠 것입니다. 실례로 2009년 土 운이 매우 왕성할 때 서거하신 것을 보면 이해가 쉬우실 것입니다.』

"조금 더 설명하여 주시면 안 되나요?"

『김대중 대통령은 우리 모두 아는 것처럼 파란만장한 삶을 사셨습니다. 그것을 사주학으로 설명하라고 하면 김대중 대통령의 대운이 그렇게 좋은 편이 아닙니다. 즉 굴곡이 많은 삶을 산다는 의미입니다. 그러나 다행히 연운이 적절한 시기에 사주와 잘 맞으면서 정치에 입문하셔서 대통령까지 하시게 된 것으로 생각합니다. 그리고 용신이 木이고 희신이 水 기운이므로 일본과 북한과 많은 인연이 있고 특히 북한과 좋은 관계를 맺으려고 노력을 많이 하셨다고 생각합니다. 물론 희신 운으로 진행하셨으므로 역사적 성과도 당연히 얻을 수 있었다고 생각합니다.』

# 열한 번째 강의
## – 김영삼 대통령의 사주 분석

『김영삼 대통령의 사주판단은 1929년 1월 14일 생일을 기준으로 하였습니다. 우선 사주와 대운, 대운수를 보시기 바랍니다.』

```
            김영삼 대통령 사주
         (생일: 1929년 양 1월 14일)
            戊    乙    己    甲
            겁재  편관  정관
            辰    丑    未    戌
            겁재  비견  비견  겁재

         7  17  27  37  47  57  67  77  87  97
         丙  丁  戊  己  庚  辛  壬  癸  甲  乙
         寅  卯  辰  巳  午  未  申  酉  戌  亥
```

『오행 분석을 하겠습니다. 비겁 土 기운이 57.5%, 재성 水 기운이 7.5%, 관성 木 기운이 20%, 식상 金 기운이 7.5% 인성 火 기운이 7.5%입니다. 따라서 일간 土 기운이 가장 강한데 일간을 돕는 인성 火 기운까지 있으므로 이 두 기운의 합이 전체 기운의 약 65%가 되므로 약 2/3의 오행 기운이 일간의 기운이라고 할 수 있습니다.』

"그러면 용신이 일간 土 기운이 되는 건가요?"

『그렇습니다. 종격의 종왕격이 되므로 용신은 土 기운이 됩니다.』

"그러면 이 사주의 용신인 진신인가요, 가신인가요?"

『진신입니다.』

"아! 드디어 제대로 된 진신 용신을 보네요."

『용신이 土이므로 희신은 인성 火가 되고 한신인 식상 金은 구신救神의 역할을 하게 되고, 재성 水는 기신을 돕는 구신仇神의 역할을 할 것입니다.』

"그러면 관성은 무엇인가요? 사주 속 오행의 비율도 제법 큰데요."

『관성은 두 가지 운의 형태로 작용할 것입니다. 하나는 관운으로 작용하고, 다른 하나는 일간이자 용신인 土를 매우 힘들게 하는 기신忌神의 역할을 할 것입니다.』

"그러면 관성은 좋은 역할도 하고 나쁜 역할도 한다는 말이네요?"

『사주학 이론을 따르면, 특히 남자 사주의 경우에 그렇습니다. 그러나 이 김영삼 대통령 사주의 관성은 평범한 사주학 이론 밖에 있습니다.』

"무슨 말씀이신가요? 평범한 사주학 이론 밖에 있다니요? 사주학 이론이 아니라는 말씀인가요?"

『사주를 판단하면서 사주학 이론이 아닌 것을 적용할 수 있나요? 단지 평범한 사주가 아니라는 의미로 받아들이기 바랍니다.』

"이거 매우 궁금하네요. 어서 설명 부탁드립니다."

『우선 사주 속 시지, 즉 사주 상담 제일 오른쪽에 있는 甲 정관이 보이시지요? 이 갑은 일간과 己와 갑기합토甲己合土가 되어 土 기운으로 변합니다.』

"그러면 어떤 의미가 있는 건가요?"

『관성을 악운 기신으로 보았을 때 관성 악운 기신이 사라지고 일간이자 용신 기운으로 변하였으니 악운이 좋은 운으로 변했다는 의미가 첫 번째입니다. 그리고 두 번째는 김영삼 대통령 사주는 관운과 매우 깊은 인연이 있다는 것을 의미합니다.』

"듣기로는 26세 또는 27세 때 거제에서 최연소 국회의원으로 당선되셨다고 하던데 이유가 있었네요."

『그렇습니다. 세상일의 모든 결과는 그 원인이 있습니다. 잘 되면 내가 잘나서 성공했다고 하고, 잘못되면 남 탓, 부모 탓, 심지어는 조상 탓을 하지만, 실은 모두 자기에게 그 원인이 있는 것입니다. 다만 어떤 원인은 우리 인간의 눈에 보이고 인간의 판단과 생각으로 알 수 있지만, 상당수는 우리 인간의 산물적產物的 능력과 판단으로는 그 원인을 알 수 없습니다. 그러나 우리에게는 인간이 모르는 원인까지 밝혀주는 사주학이 있습니다. 따라서 이렇게 인간이 알 수 없는 것까지 밝혀주는 것이 바로 사주학의 가치라는 것을 기억하여 주시기 바랍니다.』

"오늘 김영삼 대통령의 사주를 통해서 새로운 것을 많이 배울 것 같습니다."

『앞에서 잠깐 나왔던 얘기부터 설명하겠습니다. 1954년은 김영삼 대통령이 27세 때로 甲午년입니다. 그리고 이때의 대운은 戊辰입니다. 연운 甲은 기신이지만 일간 甲과 合이 되어, 즉 甲己合土가 되어 土 기운으로 바뀌므로 악운이 좋은 운이 되는 형국이고, 연운 午는 火 기운으로 희신에 해당하며, 대운 戊와 辰은 모두 土 기운으로 용신이자 일간인 土와 같으므로 매우 좋은 길신입니다. 따라서 정치 경험이 없는 젊은 나이지만 거제에서 최연소 국회의원으로 당선되었습니다.』

"정말 듣고 보니 국회의원에 당선되지 않을 수 없는 매우 좋은 운이었네요."

『더구나 이미 설명한 것처럼 김영삼 대통령의 용신은 가용신이 아니고 진용신입니다. 그러므로 매우 좋은 운이 오면 그 좋은 운을 고스란히 얻게 됩니다.』

"앞의 몇몇 대통령과는 용신 면에서도 근본적으로 다르다는 생각이 드네요."

『그렇습니다. 앞의 대통령들 대부분은 가용신이었습니다. 그래서 최고로 좋은 운이 오면 오히려 최악의 악운이 되어 큰 어려움을 겪었지만, 김영삼 대통령은 용신이 진용신이므로 그렇지 않습니다. 더구나 전체 오행 기운의 2/3를 차지할 정도로 그 용신의 힘도 강력하고요. 그뿐만이 아니라 기신 악운 관성을 아우르는 힘도 있어 좋은 관운을 본인 것으로 만드는데, 악운 기신 운도 오히려 좋은 운으로 만드는 힘을 가졌으니 관운이 좋지 않을 수 없고 큰 어려움이 있을 수 없다고 사주학적으로 판단할 수 있습니다. 1992년 辛未 대운과 壬申 연운 때 대통령에 당선되는데 이때의 운을 살피겠습니다. 辛未 대운의 辛은 식상으로 기신을 제어하므로 구신求神에 해당하고, 未는 土 기운이므로 용신, 일간과 같은 길신이고, 연운 申 역시 식상 운으로 기신을 제어하므로 결과적으로 1992년은 용신과 구신求神의 해이므로 대통령에 당선됩니다. 그리고 그다음 해인 1993년 구신求神의 해인 癸酉년에 대통령에 취임합니다.』

『지금 설명을 듣고 보니 대통령 당선의 중요 역할로 진용신의 힘도 물론 있었지만 구신求神의 역할이 제법 컸던 것 같은데요?』

『그렇습니다. 대통령 당선과 취임에 구신求神의 역할이 컸습니다. 즉 진신 용신의 힘으로 당선된 것으로 보아 오랜 세월 정치하면서 얻은 사람들과 국민의 힘으로 당선된 것으로 판단합니다.』

"그럼 재임 기간 중의 운은 어떠한가요? 앞에서 대통령의 재임 기간 중의 운도 매우 중요하다고 하셨는데요?"

『그렇습니다. 대통령 당선도 물론 중요합니다만 재임 기간 중의 운도 매우 중요합니다. 국가와 국민의 번영과 달려 있으니까요. 취임 후 93년은 癸酉년이고, 94년은 甲戌년이며, 95년은 乙亥년이고, 96년 丙子년이며, 97년은 丁丑년입니다. 따라서 간단히 분석하면 93년은 좋고, 94년은 매우 좋고, 95년은 가장 힘들고, 96년도 힘들고, 97년은 겉으로 보면 좋은 운으로 보이지만 사주 속의 丑과 未의 충이 있는데, 丁丑년이 오면서 충이 매우 강해지므로 결국 IMF라는 국가 위기를 맞게 되고 그 책임을 져야 하는 불명예를 안게 되었습니다. 그러나 퇴임 후에도 대운이 나쁘지 않아 나름대로 무난히 여생을 보내셨다고 생각합니다.』

"임기 말년에 IMF도 왔지만, 아들 문제가 있었는데요?"

『그것은 김 대통령의 가정사와 관련 있는 것이므로 판단에서 제외하는 것이 도리라고 생각합니다.』

"그러면 김영삼 대통령의 서거를 사주학적으로 설명하여 주시면 좋겠습니다."

『퇴임 후 나름대로 조용히 사시다가 2015년 乙未년이 옵니다. 乙未의 乙은 기신 운이고, 未는 土 운으로 좋은 운으로 보이지만 사주 속 丑未 충의 힘을 더 강하게 만드는 역할을 하므로 결국 기신 악운과 강력한 충 악운이 겹치면서 서거하시게 됩니다.』

"그러면 김영삼 대통령의 사주는 제왕 사주인가요?"

『그렇습니다. 제왕 사주이자 대한민국의 대통령으로 매우 적합한 사주입니다.』

"그러면 대한민국이라는 국가와의 인연은 어떠한가요?"

『대한민국의 오행은 甲木이라고 이미 말씀드렸습니다. 따라서 언뜻 보면 이 강력한 木 기운이 김영삼 대통령에게는 관성 기신이므로 최악의 악운처럼 보이지만 몇 번 설명하였던 甲己合土에 의해 최악의 악운이 최고의 운으로 변하므로 대한민국이라는 국가와 김영삼 대통령은 매우 좋은 인연 관계라고 할 수 있습니다.』

"지금까지 설명하신 것 이외에 설명할 만한 김 대통령 사주 특성은 없나요?"

『그렇게 질문하시니까 답한다면 김영삼 대통령의 사주 속에는 비견과 겁재가 매우 많습니다. 사주학은 비견과 겁재를 합하여 비겁이라고 통상 말하는데 이 특성은 자존심이 강하고 자기주장이 분명한 것인데 특히 겁재가 비견보다 이런 특성이 더 강합니다. 특히 겁재가 강하고 종격이면 사람을 제압하는 힘이 매우 강한 특성이 있습니다. 더 설명할 것이 많이 있지만, 이 정도로 끝내겠습니다.』

"그러면 제왕 사주인 김영삼 대통령의 사주에 아쉬운 점은 없나요?"

『가장 아쉬운 점이라고 한다면 아무래도 사주 속의 丑과 未가 충이 된다는 것이라고 할 수 있습니다. 왜냐하면, 丑과 未 모두 土 운으로 일간과 용신에게 매우 도움이 되는 기운인데, 이 좋은 두 기운이 만나 서로 심하게 다투는 충의 특성을 나타내기 때문입니다. 결국, 이 악운 충 때문에 임기 말년에 IMF를 맞는 등 힘들었고, 2015년 서거의 주요 원인이 되기도 하였으니까요. 그리고 임기 말년의 운이 좋지 않았다는 것을 지적할 수 있습니다.』

# 열두 번째 강의
# - 문재인 대통령의 사주 분석

『문재인 대통령 사주는 1953년 1월 24일을 기준으로 살피겠습니다. 우선 사주와 대운, 대운수를 보시지요.』

```
            문재인 대통령 사주
          (생일: 1953년 양 1월 24일)
              壬  癸  乙  丙
            인수 편인    상관
              辰  丑  亥  戌
            정재 편재 인수 정재

      4  14  24  34  44  54  64  74  84  94
      甲  乙  丙  丁  戊  己  庚  辛  壬  癸
      寅  卯  辰  巳  午  未  申  酉  戌  亥
```

『먼저 오행 분석을 하겠습니다. 재성 土 기운은 약 38.1%, 인성 水 기운은 약 31.3%, 일간 木 기운은 약 15%, 식상 火 기운은 약 8.1%, 그리고 관성 金 기운은 약 7.5%입니다. 즉 土 기운과 水 기운이 전체 기운의

69.4%를 차지할 정도로 강력하고, 관운을 뜻하는 관성 金 기운이 가장 약하다는 것이 이 사주의 특징입니다.』

"그러면 이 사주는 신약 사주인가요. 아니면 신강 사주인가요?"

『일간 乙 木이 丑 月에 태어났으니 신약 사주라고 할 수 있습니다. 오행 분석에서도 일간 木 기운이 약 15% 정도로 약한 편에 속하니까요.』

"용신이 무엇인가요? 일간의 기운을 돕는 水 기운인가요?"

『통상 그렇게 용신을 추출할 가능성이 큽니다. 그러나 이 사주는 그렇게 용신을 잡아 水 기운이 용신이라고 하면 안 됩니다.』

"그러면 무엇이 용신인가요?"

『답부터 말씀드린다면 용신은 金 관성입니다.』

"예? 오행의 기운 중 가장 약한 관성 金이 용신이라고요?"

『그렇습니다. 관성 金 기운이 용신입니다.』

"이유가 무엇인가요? 더구나 사주에 관성은 전혀 없는데요?"

『사주 판단의 기본 원칙이 균형과 조화라고 하였습니다. 그런데 이 사주를 보면 土 기운과 水 기운이 매우 강력합니다. 따라서 강력한 두 기운을 조절하여 다른 기운과 균형과 조화를 이루게 해야 하는데 그것이 쉽지 않습니다. 土 기운을 약하게 하여 조절하려면 木 기운을 우선으로 사용해야 하고, 水 기운을 조절하려면 土 기운을 우선으로 사용해야 하는데 이치에 맞지 않기 때문입니다. 따라서 차선으로 가능한 방법은 강력한 土 기운과 水 기운의 중간에 두 기운을 연결하여 강력한 두 기운이 잘 흐를 수 있게 하는 방법입니다.』

"즉 강력한 두 기운 사이에 다리를 놓는다는 말이네요?"

『아주 좋은 표현입니다. 그리고 이렇게 하는 방법을 사주학에서는 통관通關

이라고 합니다. 즉 오행 중 강력한 두 기운을 서로 통하게 한다는 의미입니다.』

"아! 그래서 金 기운이 용신이라고 말씀하셨네요."

『그렇습니다. 金을 용신으로 삼으면 土生金, 金生水가 되어 강력한 두 기운이 원만하게 잘 흐르게 되니까요.』

"그런데 사주 속에 金 기운이 없는데 용신으로 삼나요?"

『사주 속에 金 기운이 없어도 용신으로 정할 수 있습니다. 그리고 이 사주의 경우 연지 丑과 시지 戌의 지장간 속에 金 기운이 흐르고 있습니다.』

"지장간 속의 金 기운은 그다지 강하지 않을 것 같은데요?"

『물론 그렇게 강하지 않습니다. 그러나 그 金 운이 관성이므로 강력한 土 운이나 같은 金 운을 연운과 대운에서 만나면 얼마든지 관직에 오를 수 있습니다.』

"그러면 이 사주의 용신 金은 진신인가요, 가신인가요?"

『가용신입니다.』

"아! 가용신!"

『용신이 金 기운이므로 재성 土 기운이 되고, 악운 기신은 식상 火가 되며, 악운 구신仇神은 비겁 木이 될 것입니다.』

"그러면 水 기운은 무엇이 되나요?"

『水 기운은 악운 기신 火를 억제할 수 있으므로 구신求神의 역할을 할 것입니다.』

"결국, 金, 土, 水 운에는 좋으나 火와 木 운에는 나쁘네요?"

『예, 그렇습니다.』

"그러면 문 대통령의 관운과 대통령으로서의 운을 간단히 설명해 주시면 좋겠습니다."

『현직에 계시는 대통령이므로 지난 시간에 관한 것만 간단히 설명하겠습니다. 2017년은 丁酉년으로 대운은 庚申입니다. 즉 연운의 酉도 金 관성이고, 대운의 庚과 申 모두 金 관성입니다. 따라서 용신이자, 관성 운이 매우 강력하여 대통령에 당선되고 취임하였습니다.』

"丁酉의 丁은 기신 운으로 악운인데요?"

『그래서 당선된 것입니다. 가용신이니까요. 만일 그 丁마저 좋은 운이었다면 대통령에 당선되지 못했을 것입니다. 그리고 2018년 戊戌년은 戊도 土 운이고, 戌도 土 운이니 강력한 희신의 해이므로 좋은 운이고, 2019년 己亥년의 己는 土 운이고, 亥는 水 운으로 구신求神의 해이므로 역시 운이 좋다고 할 수 있으며, 2020년 庚子년의 경은 金 운이니 용신과 같은 운이고, 子는 水 운으로 구신求神에 해당하니 역시 좋은 운이라고 할 수 있습니다.』

"2021년과 2022년은 설명하지 않으시나요?"

『이미 말씀드린 대로 현직에 계시는 분이므로 아무리 사주학적인 판단이지만 이러쿵저러쿵하는 것은 도리가 아니라고 생각합니다.』

"그러면 문재인 대통령의 사주는 제왕 사주인가요, 아닌가요?"

『다시 한 번 말씀드리지만, 더는 질문하지 않았으면 좋겠습니다. 따라서 이상으로 전, 현직 대통령의 간단한 사주 판단 설명을 마치고 지금부터는 지금까지 설명한 내용 전체를 간략하게 요약 정리하는 시간을 갖도록 하겠습니다.』

# 열세 번째 강의
# - 전직 대통령 사주 분석 총론

◇ 박정희 대통령 사주 분석 총론

| | |
|---|---|
| 사주 오행 구성 | 관성 火 20.2%, 일간 金 28.9%, 인성 토 24.5%, 재성 木 13.2%, 식상 水 13.2%<br>* 오행을 갖추고 있고 나름대로 균형 있음. |
| 일간의 힘 | 오행 중 일간의 힘이 가장 강하고 인성의 힘이 약하지 않으므로 일간 전체의 힘이 약 53.4%로 일간의 힘이 약하지 않다. |
| 용신 분석 | 용신은 관성 火이나 진용신이 아니므로 대통령으로서 아쉬운 용신이다. |
| 용신의 힘 | 용신이 관성이고 희신이 재성이므로 용신의 힘은 약 33.4% 정도로 전체 오행의 약 1/3 정도 차지한다. 그러나 대통령의 용신으로는 강하다고 할 수 없다. |
| 제왕 사주 판단 | 제왕 사주가 아니다. |
| 대통령 당선의 사주학적 판단 | - 丙午 대운과 己卯 연운이므로 대통령 당선 가능성은 100%임.<br>- 대통령에 당선된 이유로는 대통령 주변 조력자의 도움이 22.5%, 국민의 힘이 67.5%, 대통령 본인의 힘이 10% 작용하여 대통령에 당선됨. |
| 국가와의 인연 | 일간 金은 대한민국과 상극이나 용신 화는 대한민국과 상생이므로 국가 발전에도 도움이 되지만 국가를 어렵게 하는 인연이다. 또 국가를 발전하게 하는 기운은 있으나 국가를 제어하고 통제하며 다스리는 힘은 상대적으로 약하다. |

| | |
|---|---|
| 재임 중 운의 흐름 | 재임 중은 좋은 운이므로 장기 집권이 가능하였다. 그러나 그 좋은 운이 끝나는 시점에서 조력자에 의해 비극의 최후를 맞을 운이다. 따라서 61세까지 대통령을 하고 퇴임하는 것이 가장 좋았음. |
| 사주의 장단점 | 1) 장점<br>- 오행을 모두 갖추고 있고 균형이 있다.<br>- 일간이 약하게 보이지만 강하다.<br>- 용신이 정관이다.<br>- 대한민국과 상생 관계다.<br>- 42세부터 61세까지 좋은 운이 이어진다.<br>2) 단점<br>- 대한민국을 제어하는 힘이 약하다.<br>- 비겁이 악운 기신이므로 독불장군의 성격이 강하여 부하 직원이나 동료 등과도 상생 관계보다는 상극 관계며, 정치적 동지도 없다.<br>- 결국, 부하에게 암살당함.<br>- 정관이 용신이므로 좋지만, 이는 단순히 높은 관직에 오른다는 의미임.<br>- 가용신이 있고 또 그 가운이 강해지는 때가 있다는 것은 큰 약점<br>3) 결론<br>정관이 용신이고 오행이 균형을 이루고 있어 높은 관직에 오를 수 있고 국민의 사랑을 받을 수 있는 사주다. 그러나 비겁이 악운 기신이라 정치적 동지도 없고, 부하도 믿지 못하는 외로운 형국이다. 더구나 대통령이면 당연히 지녀야 하는 국가를 제어하는 힘이 약했다. 결국, 나름대로 운의 흐름이 나쁘지 않은 19년간은 집권하는 권력의 중심에 있었지만 가장 믿었던 부하에게 암살당하고 말았다. |

## ◇ 이승만 대통령 사주 분석 총론

| | |
|---|---|
| 사주 오행 구성 | 식상 土 15%, 인성 木 31.2%, 관성 水 41.2%, 일간 火 6.3%, 재성 金 6.3% |
| 일간의 힘 | 일간의 힘이 매우 약하다. |
| 용신 분석 | 용신은 水 기운으로 오행 중 가장 강하다. |
| 용신의 힘 | 水 용신과 희신 金의 힘을 합하면 약 47.5%가 되므로 약하지 않으나 대통령 용신의 힘으로는 약하다고 판단한다. |
| 제왕 사주 판단 | 제왕 사주가 아니다. |
| 대통령 당선의 사주학적 판단 | - 1948년 74세 때는 申 대운과 戊子 연운 때 일간과 관성이 강력하게 좋아 대통령에 오른다.<br>- 그러나 대통령 당선 운이 40% 정도의 약한 운으로 당선되었다.<br>- 그리고 대통령 당선 운 40% 중에서 본인의 운이 81.3%이고, 주변 조력자의 운이 18.7%이니 최초 대통령으로 당선될 때는 본인의 명성으로 당선되었다고 할 수 있음.<br>- 그러나 대통령에 당선되는 운의 비중이 40%밖에 안 될 정도로 약하므로 자연스럽게 권력을 지키기 위해 조력자에게 의지하는 정치를 하면서 대통령 직무를 수행함.<br>- 그러나 주변 조력자에게 의지하는 대통령은 결국, 조력자로 인해 힘들어진다. |
| 국가와의 인연 | 용신이 水 관성이므로 대한민국에 도움이 된다. 그러나 대한민국을 제어하는 힘은 전혀 없다. 그렇다고 대한민국 전체를 아우르는 힘도 없다.<br>또 대한민국을 제어하고 아우르는 힘인 火와 土는 악운 기신이므로 근본적으로 대한민국을 다스리는 데에는 한계가 있는 사주다. 즉, 관운이 있고 대운과 연운을 만나 대통령은 되었지만, 결국 나라를 다스리고 통제할 힘은 지니지 못하였다는 말이다. |
| 재임 중 운의 흐름 | 대통령 당선 후 6, 7년간은 그런대로 운이 좋았지만, 그 이후는 운이 좋지 않았다. 따라서 3선 개헌을 하며 연임을 시도한 것은 사주학적으로도 잘못이라는 판단임. 따라서 대통령을 한 번 정도만 하고 명예롭게 퇴임하였으면 가장 좋았을 것이다. |

| | |
|---|---|
| 사주의 장단점 | 1) 장점<br>- 용신이 水 관성이므로 관성 운이 좋을 때 높은 관직에 오를 수 있다.<br>- 용신이 水이므로 국가에 도움이 된다.<br>- 균형과 조화는 미약하지만, 오행이 있다.<br>2) 단점<br>- 용신과 일간의 힘이 대통령으로서는 약하다.<br>- 용신이 가용신이다.<br>- 자신의 힘보다는 조력자들에 의해 대통령에 당선되었으나 용신과 일간의 힘도 약하므로 조력자에 의해 휘둘리게 된다.<br>- 대한민국의 대통령에게 꼭 필요한 土 기운이 약하고 己 土가 사주에도 지장간에도 없다. |

## ◇ 전두환 대통령 사주 분석 총론

| | |
|---|---|
| 사주 오행 구성 | 관성 火 15.8%, 재성 木 20.3%, 일간 金 41.5%, 식상 水 2.1%, 인성 土 20.3% |
| 일간의 힘 | 일간과 일간을 돕는 인성의 힘이 약 61.8%로 일간의 힘이 강한 편임. |
| 용신 분석 | 용신은 金으로 진신임. |
| 용신의 힘 | 용신 金과 희신 土의 힘이 61.8%이므로 강하다고 할 수 있음.<br>- 그러나 대통령 용신으로는 아쉬움이 있음 |
| 제왕 사주 판단 | 제왕 사주에 버금가지만 부족한 면이 있음. 완벽한 제왕 사주가 되지 못하는 이유는 대한민국이라는 국가와 용신이 상극이기 때문이다. |
| 대통령 당선의 사주학적 판단 | - 대통령 당선 운은 95%이고 이 중에서 본인의 힘으로 당선될 비중은 94.7%고, 조력자의 힘으로 당선될 비중은 5.3%이다.<br>- 따라서 준 제왕 사주에 속한다.<br>- 완벽한 제왕 사주가 되지 못하는 이유는 대한민국과 용신이 상극이기 때문이다.<br>- 그러므로 주변 조력자들을 당당히 잘 제어하고, 그들의 눈치를 보지 않고 대통령직을 수행하였을 것으로 판단함. |
| 국가와의 인연 | 국가를 통제하고 제어하는 힘은 가졌으므로 강력한 리더십은 발휘할 수 있지만, 국가와는 상극이므로 궁극적으로는 국가와 국민을 힘들게 하는 인연. |
| 재임 중 운의 흐름 | 재임 기간 중의 대운은 戌 土 운이므로 희신 운이고, 재임 초반은 그런대로 좋은 운이나 1983년부터는 하향 운으로 바람직하지 못했음. |
| 사주의 장단점 | 1) 장점<br>  - 용신과 희신이 매우 강하므로 어려움을 극복하고 버티는 힘이 강하다.<br>  - 용신과 희신이 진신이다.<br>  - 사람을 제압하는 힘이 강하다.<br>  - 제왕 사주에 버금가는 사주다.<br>2) 단점<br>  - 용신이 대한민국과 상극 관계다. 따라서 대한민국을 제압하고 억제할 수는 있으나 포용하기는 어렵다.<br>  - 잘잘못을 떠나 절대 굽히지 않는 특성을 가졌음. |

◇ 노태우 대통령 사주 분석 총론

| | |
|---|---|
| 사주 오행 구성 | 일간 土 약 27.5%, 정재 水 약 38.7%, 식상 金 27.5%, 정관 木 6.3%, 인성 火 0% |
| 일간의 힘 | 일간과 일간을 돕는 인성의 힘이 총 27.5%밖에 안 되므로 약하다고 할 수 있음. 그러나 일간이 己 土이므로 사주 판단에 많은 도움이 됨. |
| 용신 분석 | 용신이 土 비겁임. 사주 명식에는 용신이 없고 지장간 곳곳에 있음. |
| 용신의 힘 | 용신의 힘은 27.5% 정도로 약함. |
| 제왕 사주 판단 | 제왕 사주는 아니나 용신이 土가 진신이고 일간이 己 土고, 100% 대통령이 될 운이므로 제왕 사주에 버금간다고 할 수 있다. 아쉬운 점은 일간과 용신의 힘이 너무 약하다는 것이다. |
| 대통령 당선의 사주학적 판단 | 100% 대통령이 될 운이고, 그중에서 90%는 자신의 힘으로, 10%는 조력자의 힘으로 대통령이 됨. 따라서 제왕 사주에 버금 감. |
| 국가와의 인연 | 용신이 土 운이고 일간이 己 土이므로 대한민국과 甲己合土를 만들므로 국가와는 좋은 인연임. 따라서 대한민국의 대통령 사주 판단에 중요한 요소를 충족하는 것임. |
| 재임 중 운의 흐름 | 대통령 재임 기간 중의 대운은 나쁘지 않았고, 연운 역시 재임 기간 중 나쁘지 않았음. |
| 사주의 장단점 | 1) 장점<br>  - 속으로 강한 사람.<br>  - 용신이 진신임.<br>  - 甲己合土라는 한국 대통령으로서 가져야 하는 장점이 있음.<br>  - 대통령 운을 100% 가지고 있으며, 자신의 힘으로 대통령이 된다. 따라서 조력자에 휘둘리거나 조력자의 눈치를 살피지 않아도 됨.<br>  - 대통령 재임 기간 중 운이 나쁘지 않다.<br>2) 단점<br>  - 대통령으로서의 일간의 힘이 상대적으로 약하다.<br>  - 대통령으로서의 용신의 힘도 상대적으로 약하다. |

## ◇ 노무현 대통령 사주 분석 총론

| | |
|---|---|
| 사주 오행 구성 | 인성 火 25%, 일간 土 39.5%, 식상 金 26%, 관성 木 5.7%, 재성 水 3.8% |
| 일간의 힘 | 일간과 일간을 돕는 인성의 힘을 합하면 64.5%이므로 일간의 힘이 강하다고 할 수 있다. |
| 용신 분석 | 용신은 土 기운이나 사주 속에 己가 없으므로 아쉽다. 다만 구신求神 식상 申의 지장간 속에 약하지만, 己 土 기운이 있어 그나마 다행이다. |
| 용신의 힘 | 약 64.5%의 힘이 있으므로 강한 편임. |
| 제왕 사주 판단 | 용신도 강한 편이고 지장간 속에 己 土도 있고, 재임 기간 중의 운도 나쁘지 않으므로 제왕 사주에 가깝다고 할 수 있다. 아쉬운 점이라면 용신이 조금 강했으면 하는 것과 己 土가 지장간 속에 약하게 있지 않고 사주 속에 당당히 있었으면 제왕 사주가 되었음. |
| 대통령 당선의 사주학적 판단 | - 대통령 당선 운이 45%임.<br>- 본인 용신의 힘도, 주변 조력자의 힘도 아닌 국민의 힘으로만 당선됨. |
| 국가와의 인연 | 겉으로 보면 대한민국과 상극 관계로 보이나 지장간 속의 己 土가 힘은 비록 약하지만 있으므로 대한민국 국가와 좋은 인연이 있다고 할 수 있다. |
| 재임 중 운의 흐름 | 재임 중 운이 대체로 나쁘지 않다. |
| 사주의 장단점 | 1) 장점<br>　- 제왕 사주에 근접하는 사주다.<br>　- 지장간 속에 己 土가 있다.<br>　- 재임 기간 중의 운이 나쁘지 않다.<br>2) 단점<br>　- 己 土 운이 사주 속에 당당히 없다.<br>　- 대통령 당선 운이 낮다.<br>　- 본인의 용신이나 희신으로 대통령에 당선되지 않았다. |

### ◇ 이명박 대통령 사주 분석 총론

| | |
|---|---|
| 사주 오행 구성 | 금 일간 32.4%, 토 인성 14.4%, 화 관성 10%, 수 식상 24.4%, 목 재성 18.8% |
| 일간의 힘 | 일간과 인성의 합이 약 46.8%로 약한 편임. |
| 용신 분석 | 용신 土, 희신 관성 火, 기신은 재성 木 |
| 용신의 힘 | 용신과 희신 관성 기운의 합이 약 24.4%로 약함. |
| 제왕 사주 판단 | 제왕 사주 아님. |
| 대통령 당선의 사주학적 판단 | - 용신 등 제신으로 판단할 때는 대통령에 당선될 운은 매우 약함.<br>- 따라서 戊子 대운과 丁亥 연운의 水상운이 식생재, 재상관의 흐름으로 희신 관성이 좋아져서 대통령에 당선됨.<br>- 따라서 본인의 관성 운 77.5%와 국민의 지지 22.5%로 당선됨.<br>- 대통령 당선 가능성은 100%임. |
| 국가와의 인연 | 일간 기준으로는 국가와 상극 관계로 용신 기준으로도 상극 관계다. |
| 재임 중 운의 흐름 | 재임 기간 중의 운이 그렇게 좋은 편이 아니다. |
| 사주의 장단점 | 1) 장점<br>  - 대통령 당선 시 관성 운이 매우 좋음.<br>  - 대통령 당선 가능성이 100%임.<br>2) 단점<br>  - 가용신 사주<br>  - 용신의 힘이 매우 약한 편임.<br>  - 일간의 힘도 강하지 못함.<br>  - 재임 기간 중의 운도 전체적으로 좋은 편이 아님.<br>  - 대한민국에 꼭 필요한 己 土 기운이 지장간에는 있으나 사주에 투출하지 않음. |

## ◇ 박근혜 대통령 사주 분석 총론

| | |
|---|---|
| 사주 오행 구성 | 일간 土 33.2%, 관성 木 28.6%, 재성 水 17.5%, 식상 金 16.3%, 인성 火 4.4%. |
| 일간의 힘 | 일간과 인성의 힘이 총 37.5%로 약한 편임. |
| 용신 분석 | 용신은 관성 木, 희신 재성 水, 기신 식상 金. |
| 용신의 힘 | 용신과 희신의 힘이 총 46.2%로 약하지 않으나 대통령의 용신으로는 약함. |
| 제왕 사주 판단 | 제왕 사주 아님. |
| 대통령 당선의 사주학적 판단 | - 대통령 당선 확률은 35% 정도로 매우 낮은 편.<br>- 대통령 당선 이유는 국민의 지지가 100%임. |
| 국가와의 인연 | 용신 木이 대한민국과 같은 기운이므로 좋다. 그러니 용신의 힘이 약하므로 크게 도움이 되지 못한다. |
| 재임 중 운의 흐름 | 대통령 재임 중의 운이 좋은 편이 못 됨. |
| 사주의 장단점 | 1) 장점<br>  - 용신이 관성이고 대한민국과 같은 오행<br>  - 대통령 당선 이유가 국민의 적극적인 협조.<br>  - 지장간 속에 아버지의 도움이 있다. (아버지의 후광)<br>2) 단점<br>  - 일간과 용신의 힘이 약하다.<br>  - 용신이 가용신이다.<br>  - 대통령 당선 가능성은 작은데 당선됨.<br>  - 재임 중의 운이 좋지 못하다.<br>  - 일간과 용신이 약하므로 누구에게 의지하는 특성이 강한데, 강한 겁재가 기신이므로 가까이 의지하는 사람 때문에 큰 고통을 받는 운임. |

◇ 김대중 대통령 사주 분석 총론

| | |
|---|---|
| 사주 오행 구성 | 일간 火 8.1%, 관성 水 23.1%, 인성 木 28.1%, 재성 金 13.8%, 식상 土 26.9%. |
| 일간의 힘 | 일간의 힘이 8.1%로 매우 약함. |
| 용신 분석 | 용신 인성 木, 희신 관성 水, 기신 재성 金, 구신仇神 土, 구신求神 火. |
| 용신의 힘 | 용신과 희신의 힘이 총 51.2%로 약하지 않으나 대통령의 용신 힘으로는 약한 편임. |
| 제왕 사주 판단 | 제왕 사주 아님. |
| 대통령 당선의 사주학적 판단 | - 1997년 丁巳 대운은 구신求神의 해로 좋은 운이며, 연운 丁丑의 丁도 求神으로 좋은 운이기에 11월 15대 대통령 당선.<br>- 만일 연운 丑마저 좋은 운이었다면 대통령 선거에서 패했을 것으로 판단.<br>- 대통령 당선이 용신의 힘으로 인한 것이 아니고 求神으로 인한 것이므로 본인의 힘이 아닌 국민과 지지자의 힘으로 당선된 것임.<br>- 대통령 당선 운은 100%고, 본인의 운으로 67.5%, 지지자들의 힘으로 32.5%으로 당선됨.<br>- 더구나 연운에 식상운이 강하므로 식생재, 재상관의 흐름이 되어 관성 용신이 힘을 얻으므로 대통령에 당선되었음.<br>- 즉 김대중 대통령이 대통령에 당선된 이유는 크게 두 가지라고 할 수 있는데 사주학적으로 매우 절묘한 운으로 당선되었다고 할 수 있음. |
| 국가와의 인연 | 용신이 木 기운이고 희신이 水 기운이므로 국가와 좋은 인연임. |
| 재임 중 운의 흐름 | 재임 중 운은 그렇게 좋지 않음. 평범한 수준. |
| 사주의 장단점 | 1) 장점<br>　- 희신이 관성<br>　- 대통령 당선 운이 100%, 단 악운이 좋은 운으로 변해서 대통령에 당선된 것이므로 아쉬움은 있음.<br>　- 대통령 당선의 67.5%가 본인 운의 힘.<br>　- 국가와 좋은 인연<br>2) 단점<br>　- 가용신<br>　- 일간의 힘이 약함.<br>　- 용신의 힘이 약함. |

## ◇ 김영삼 대통령 사주 분석 총론

| | |
|---|---|
| 사주 오행 구성 | 일간 土 57.5%, 재성 水 7.5%, 관성 木 20%, 식상 金 7.5%, 인성 火 7.5%. |
| 일간의 힘 | 일간의 힘이 강함. |
| 용신 분석 | 용신은 일간 土, 희신 인성 火, 기신 관성 木, 仇神 재성 水, 求神 식상 金 |
| 용신의 힘 | 용신과 희신 힘의 합은 65%로 강함. |
| 제왕 사주 판단 | 제왕 사주라고 할 수 있으며 대한민국의 대통령이 될 수 있는 사주. |
| 대통령 당선의 사주학적 판단 | - 대통령에 당선될 가능성은 55%, 인의 역할이 약 13.6%, 주변 조력자들의 역할이 87.4%. |
| 국가와의 인연 | 국가와 인연이 매우 좋다. |
| 재임 중 운의 흐름 | - 취임 후 2년은 운이 좋음.<br>- 95년, 96년은 운이 좋지 않음.<br>- 97년은 겉으로 보면 좋은 운으로 보이지만 사주 속의 丑未 충이 있는데 丁丑년이 오면서 충이 매우 강해져서 결국 IMF 라는 국가 위기를 맞게 되고 그 책임을 져야 하는 불명예를 안게 됨. |
| 사주의 장단점 | 1) 장점<br>  - 제왕 사주<br>  - 대한민국의 대통령이 될 수 있는 사주.<br>  - 일간의 힘이 강하다.<br>  - 용신의 힘이 강하다.<br>  - 사주 속 일간이 己 土다.<br>  - 용신이 진용신이다.<br>2) 단점<br>  - 재임 중 운의 50% 이상이 좋지 않음. 특히 대통령 임기 마지막 2년의 운이 좋지 않았음.<br>  - 용신과 희신의 힘으로 대통령에 당선되지 못함.<br>  - 대통령 당선에 본인 용신의 역할이 크지 않음. |

# 열네 번째 강의
# - 미래 대통령의 희망 사주

『지금까지의 전직 대통령의 사주 분석을 통해 얻은 자료로 대한민국 미래 대통령의 사주를 정리해 보겠습니다. 우선 다음 표를 보시고 질문 있으면 하시기 바랍니다.』

| | |
|---|---|
| 사주 오행 구성 | 일간이 土 기운으로 매우 강력하고, 인성 火 기운도 강한 사주로 일간 土가 己이거나, 사주의 다른 간에 己가 있는 사주 |
| 일간의 힘 | - 일간의 힘이 최소 50% 이상 되는 사주<br>- 일간과 용신이 강하여 사람을 제압할 수 있고, 웬만한 어려움에 흔들리지 않는 사주 |
| 용신 분석 | - 종격 사주로 용신이 土인 사주<br>- 용신이 진신인 사주 |
| 용신의 힘 | - 용신과 희신의 힘이 총 60-70% 이상 되는 사주<br>- 용신의 힘이 강하여 주변에 휘둘리지 않는 사람 |
| 제왕 사주 판단 | 제왕 사주이자 대한민국의 대통령으로서 인연이 좋은 사주 |
| 대통령 당선의 사주학적 판단 | - 용신과 희신, 구신의 힘으로 대통령에 당선되지만 용신 힘의 비중이 가장 큰 사주<br>- 대통령 당선 가능성이 최소 60% 이상인 사주 |
| 국가와의 인연 | - 국가와 한 몸이 되는 인연을 가진 사주<br>- 용신이 土이며 己 土가 있으면 국가와 매우 좋은 인연이 됨. |
| 재임 중 운 | - 재임 기간 중의 운이 좋은 사주 |
| 비고 | - 퇴임 후에도 운이 좋은 사주 |

"앞의 설명이나 지금의 표를 보면 진용신이어야 한다는 생각이 드는데 이 부분을 조금 더 설명하여 주시면 좋겠습니다."

『대통령이라는 직책은 국가와 국민을 지키며 흥하게 하려고 국가를 다스리는 자리입니다. 그런데 가용신이 용신인 사람은 결정적인 순간에 예상치 못한 최악의 어려움을 당할 수 있어 국가와 국민이 큰 혼란에 빠질 수 있습니다. 그리고 대통령의 운이 좋을 때 국운 또한 좋아지는 것이 순리입니다. 그런데 대통령의 용신이 가용신이면 대통령의 운이 좋을 때 대통령은 최악의 운을 만날 수 있으니 국가가 어려움에 빠질 수 있습니다.』

"그러나 사주학 이론의 진신과 가신의 정의와 선생님의 진용신이라는 의미가 조금 다른 것 같은데요?"

『사주학 공부의 한 경계를 넘으시면 아시게 될 것입니다.』

"그러면 대통령 재임 기간 중의 운이 좋지 않으면 대통령이 되어도 불행한 대통령이 된다는 의미는 무엇인가요?"

『대통령은 국가를 경영하는 사람입니다. 그런데 보통 사람도 운이 나쁠 때는 하는 일이 잘 안됩니다. 그러나 운이 좋을 때는 이상하리만치 일이 잘 풀려 좋은 결과를 만듭니다. 따라서 대통령의 운이 좋으면 국가 경영이 원만하게 잘 진행되므로 재임 기간 중의 운이 중요한 것입니다.』

"전직 대통령의 사주 판단에 己 土에 관한 설명이 많이 등장하였습니다. 물론 종종 설명하셨기 때문에 어느 정도 이유를 알 것 같습니다만, 그래도 한 번 더 정리해 주시면 좋겠습니다."

『대한민국이라는 국가는 오행으로 甲 木입니다. 그리고 대통령은 이 대한민국이라는 국가를 경영하고 통제하고 다스리는 자리입니다. 따라서 대한민국이라는 국가와 좋은 인연이 되어야 합니다. 그리고 기본적으로 좋은 인연을 사주로 표현하면 상생相生입니다. 그런데 상생에는 예를 들어 A가 B를 生하는 경우, B가 A를 生하는 경우 이렇게 두 유형이 있습니다. 따라서 대통령이 대한민국을 生하는 경우와 대한민국이 대통령을 生하는 경우가 있다는 말입니다. 앞의 전직 대통령 사주 설명에서 이런 경우를 이미 경험하였을 것입니다.』

"그런데 왜 己 土의 중요성을 강조하시나요?"

『대한민국의 대통령은 이 상생의 원칙만으로는 부족하기 때문입니다.』

"대한민국이 甲 木이기 때문인가요?"

『그렇습니다. 따라서 甲 木의 강한 기운을 상생의 원리만으로는 다스리는 데에 한계가 있으므로 己 土 기운이 대통령의 사주 속에는 반드시 있어야 한다는 것입니다. 그리고 그 실례를 우리는 전직 대통령의 사례에서 경험하였습니다. 이해를 돕기 위해 이 부분을 다음과 같이 정리해 보겠습니다.』

---

가) 己 土가 사주 속에 분명히 자리 잡은 대통령
　　이승만 대통령, 노태우 대통령, 김영삼 대통령
나) 己 土가 사주 명식에는 없고 지장간에 있는 대통령
　　박정희 대통령 4.4%, 전두환 대통령 15.6%, 이명박 대통령 11.3%, 노무현 대통령 4.4%, 박근혜 대통령 22.5%, 김대중 대통령 11.3%

---

『표를 보시면 아시겠지만 %의 차이가 있어서 그렇지 모든 전직 대통령의 사주에 己 土가 있었습니다.』

"설명 중의 %는 무엇을 의미하나요?"

『지장간 속의 己 土 기운의 크기입니다.』

"그러면 사주 명식 속에 己 土가 있는 세 분 대통령 중에는 어느 분의 己 土 기운이 가장 힘이 있나요?"

『사주 명식 속에 뚜렷이 있으므로 힘의 크기보다는 김영삼 대통령과 노태우 대통령의 己 土가 가장 적합한 제자리에 분명하게 있다고 할 수 있습니다.』

"그러면 이 己 土만으로 대한민국 대통령의 적합 정도를 판단해도 되나요?"

『그것도 대한민국 대통령의 적합도 판단의 한 요인입니다.』

"그러면 대통령 당선의 원인 중에 제일 으뜸이 용신이고 그다음이 희신, 구신求神의 힘이라는 생각이 드는데 그렇게 되는 특별한 이유가 있나요?"

『용신이 바로 대통령 본인이기 때문입니다. 그리고 희신 등의 힘으로 당선되면 추종자, 조력자들에 의해 대통령이 흔들릴 수 있기 때문입니다.』

"그러면 관성 운이 좋아서 대통령에 당선되는 것은 어떤가요?"

『관성 운이 매우 좋으면 당연히 대통령이 당선될 수 있습니다. 그러나 행운에 의해서 당선된 것이므로 관성이 악운 기신인 경우는 오히려 대통령이 된 것이 본인에게는 커다란 악운으로 돌아올 것입니다. 이것을 암시하는 속담도 있는 것 같으니 한 번 살펴보시기 바랍니다.』

"그러면 일간과 용신의 힘이 약한 사람은 대통령이 되면 좋지 않나요?"

『그렇게 단정하면 안 된다는 것을 우선 말씀드립니다. 다만 일간과 용신이 약한 사람이 대통령이 되면 적극적인 지지자들이나 추종자들에게 적지 않게 의지하거나 그들에 의해 휘둘릴 수 있으므로 대통령 운신의 폭이 좁아질 수 있고, 의사 결정에 어려움이 있을 수 있으므로 국가 경영에 어려움이 클 수 있다는 말입니다.』

"그러면 선생님 개인적인 생각은 어떻습니까? 그런 분이 대통령이 되겠다고 한다면요?"

『저는 국가와 국민을 위해서나, 본인을 위해서도 대통령 선거에 나서지 않는 것이 현명하고 지혜롭다고 생각합니다.』

# 열다섯 번째 강의
# - 미래 대권 주자들과 정치인에게 던지는 조언

대통령은 되는 것이 중요한 것이 아니라, 임기 중에 국가의 발전과 번영을 위해서 열심히 일하고 봉사한 후 명예롭게 퇴임하는 것이 중요합니다.

대통령직은 자신을 대통령으로 선택하여 준 국민을 위해 성실히 직무를 수행하여 모든 국민이 공정하고 행복한 삶을 영위할 수 있도록 국가적 도움을 주고 즐겁게 퇴임하는 자리입니다.

대통령은 자신을 지지한 국민, 자신이 속한 정당, 자신을 가까이서 도운 사람을 위해 보답하는 자리가 아니라 대한민국의 역사 앞에 당당히 등장한 후 직무를 멋있게 수행하여 국가를 융성하게 하고 당당하게 역사의 한 주인공으로 아름답게 남는 자리입니다.

대통령은 내가 속한 정당의 이익이나 대통령 가문이라는 영예를 얻으려는 자리가 아니고, 정치적 상대에게 힘을 보이거나 그들에게 보복하는 위치도 아닙니다.

그러나 역대 우리 대한민국의 대통령들은 어느 한 분 예외 없이 명예롭고, 멋있으며, 아름답게 퇴임하여 편안히 살지 못하였습니다. 초대 대통령은 하야下野하고 망명하여 이국땅에서 쓸쓸히 돌아가신 것으로도 부족하여 대통령 지위 자체를 부정당하는 수모를 겪고 있는 것을 시발점으로, 부하의 총탄에 서거하신 대통령, 퇴임 후 청문회에 불려 나와 결국 교도소까지 갔다 오는 것으로도 모자라 지금까지 수십 년 동안 세인의 입에 거칠게 오르내리는 대통령, 퇴임 후 얼마 되지 않아 자결이라는 충격적인 방법으로 서거하신 대통령, 아들로 인하여 불명예를 안고 퇴임한 대통령, 그리고 아직도 교도소에 있는 두 분의 대통령까지.

우리의 대통령은 왜 모두 퇴임 후 이렇게 추락하였고 추락하고 있는 것인가요? 그렇게 국가를 혼란스럽게 하고, 국민을 불편하게 하며 본인조차도 불명예의 늪에서 헤어나지 못할 일이면 무엇 때문에 대통령이 되셨나요?

- 한 치 앞을 보지 못하는 인간이기에 그렇게 되리라고 생각지 못했다고요?
- 마녀사냥이고, 정치 보복 때문이라고요?
- 잘 하려고 했는데 하다 보니 어떻게 그렇게 되었다고요?
- 본인을 도운 사람들을 위해 조금 노력하다 보니 그렇게 된 것이라고요?
- 사람을 너무 믿은 순진함 때문이라고요?
- 믿었던 사람에게 배신을 당해서 그런 것이라고요?
- 정말 잘못이 없는데 어느 날 갑자기 마녀사냥의 덫에 걸린 것이라고요?
- 책임져야 하는 사람은 따로 있는데 본인이 그 올가미를 쓴 것이라고요?

아닙니다.

이제라도 남아 있는 한 가닥의 명예가 있다면, 그리고 그것을 비록 늦었지만 지키고 싶다면, 그렇게 생각하지 마시기 바랍니다. 이유를 알고 싶으신가요? 본인이 왜 그렇게 되었는지 궁금하신가요?

세상 모든 일의 결과에는 원인이 있습니다.
그리고 그 원인의 중심은 바로 본인 자신입니다.
정치 상대의 보복 때문도 아니고, 등 돌린 추종자들 때문도 아니며, 자식 때문도 아니고, 가까운 사람의 잘못 때문도 아니며, 일을 잘못 처리한 부하 때문도 아니며, 배신한 옛 정치적 동료 때문도 아닙니다. 그냥 본인 때문입니다.

그냥 본인이 당했다고 생각하는 그 잘못이 원인이고, 본인이야말로 원인을 만든 사람입니다.

대통령이 되어 불행해지는 것은 단순히 대통령 개인의 불행이 아니라 국가와 국민, 역사의 불행입니다. 따라서 애당초 그런 불행의 늪에 빠지지 않을 자신이 없으면 대통령이라는 명예스러운 자리를 넘보지도 말아야 했습니다.

- 본인은 하고 싶지 않았는데 추종자들과 지지자들 때문에 어쩔 수 없이 출마하고 대통령이 되었다고요?
- 어떻게 하다 보니 출마했는데 당선되었다고요?
- 멋있게 대통령직을 수행하려고 했는데 본인의 발목을 잡는 일도 많았고, 알게 모르게 걸림돌이 너무 많았다고요?
- 대통령직을 성실히 수행하기 위해 밤낮으로 애쓴 본인의 노력과 고통을 국민은 너무 몰라준다고요?
- 부정적 언론 몰이 때문이라고요?
- 검찰의 무리한 수사 때문이라고요?
- 정치적 음모와 모함 때문이라고요?
- 주변 강국들의 압박이 너무 심하기 때문이라고요?
- 북한과의 협력이 원만하지 않았기 때문이라고요?

아닙니다.

아직도 그렇게 생각하고 있다면 이제라도 그런 생각을 버리시기 바랍니다. 아직도 그런 믿음에서 헤어나지 못하고 있다면 이제라도 어서 그 잘못된 믿음의 틀을 스스로 박차고 나오시기 바랍니다. 아직도 누군가가 원망스럽고 누구에게 분노하고 있다면, 이제 더는 그러지 마십시오.

그리고

대한민국이라는 국가와 좋은 인연이 없는 본인이 대통령직에 욕심을 부렸다고 본인의 욕심을 반성하십시오.

그리고

대한민국의 대통령에 오를 운도 부족한 본인이 대통령이 되어 그 잘못에 관한 벌을 받고 있다고 생각하십시오.

그리고

주변 사람의 그릇된 말을 너무 쉽게 믿은 본인의 어리석은 잘못을 이제라도 반성하는 시간을 갖는다고 생각하십시오.

몇 가지 질문을 드립니다.
- 대한민국의 대통령이 다른 국가의 대통령과 달라야 한다는 것을 분명하게 알고 대통령직에 오르셨나요?
- 혹시 호칭이 같은 대통령이니까 하는 일도 같다고 생각하지는 않으셨나요?
- 본인이 부족해도 유능한 사람을 쓰면 되므로 본인도 충분히 할 수 있는 자리로 생각하셨나요?
- 자리가 사람을 만드는 것이므로 본인도 하지 못할 이유가 없다고 생각하셨나요?
- 정치 경험이 많으니까 당연히 본인이 대통령이 되어야 한다고 생각하셨나요?
- 지지자가 많으니까 대통령이 되어도 된다고 여기셨나요?
- 본인은 이미 검증된 능력이 있으니 대통령이 되어도 된다고 생각하셨나요?
- 대통령직 수행은 혼자 하는 것이 아니고 얼마든지 조력자를 얻을 수 있으므로 그다지 어렵지 않다고 여기셨나요?

대통령은 관운이 좋아 얻는 자리가 아닙니다.

대통령은 하고 싶다고, 할 수 있다고 하는 자리가 아닙니다.

대통령은 내가 잘나고 똑똑하다고 얻는 자리가 아닙니다.

대통령은 정치 경력이 많다고 하는 자리가 아닙니다.

대통령은 지지자와 추종자가 많다고 하는 자리가 아닙니다.

대통령은 기회를 잡아 낚시하듯 낚아채는 자리가 아닙니다.

특히 대한민국의 대통령은 다른 국가의 대통령과는 달라야 하는 이유가 분명합니다.

그런데

- 대한민국의 대통령이 다른 국가의 대통령과 달라야 하는 이유를 알고 있나요?
- 알고 있다면 어떤점이 달라야 하는지 구체적으로 설명할 수 있나요?
- 본인의 장단점과 본인이 속한 정당의 장단점이 대한민국이라는 국가의 장단점과 어떻게 같고 다른지, 또 장단점끼리의 상호 보완은 되는지 알고 있나요?
- 본인의 능력과 운명이 대한민국이라는 국가와 국민의 미래를 창대하게 만들 수 있다고 정말 믿나요?
- 만일 믿는다면 그 이유가 무엇인지 상세하게 설명할 수 있나요?
- 혹시 세인의 입에 끊임없이 오르내리는 그런 사항을 잘 처리하면 된다고 생각하는 건 아닌가요?

- 관운이 좋아서, 정치 경험이 많다고, 지지율이 높다고 대통령에 출마하고 실제로 된다면 국가와 국민을 힘들게 할 수 있고 본인도 고통스러워진다는 것을 알고 있나요?

추종하는 주변 사람들에게 휘둘리는 대통령은 국가를 망치고 국민을 구렁텅이로 집어넣는 결과를 만들며, 결국 자신이 의지했던 추종자들에 의해 본인이 외롭고 힘들어집니다.

추종하는 사람 중의 상당수는 본인을 대통령으로 앞세우고 자신들은 그 뒤에서 달콤한 이익을 챙기려는 목적을 얼마든지 숨기고 있을 수 있습니다. 따라서 겉으로 드러난 그런 사람들의 손짓 발짓에 놀아나며 대통령에 출마한다면 그들의 손가락에서 움직이는 꼭두각시나 다름없을 것입니다.

당선되기 전까지는 상관없다고요?
당선되고 취임하면 그런 사람들을 모두 내칠 수 있다고요?
취임 후에는 단호히 그런 사람들을 멀리할 수 있다고요?
대통령직을 수행하면서는 그런 사람들의 아부와 유혹을 단호히 떨쳐낼 수 있다고요?

물론 가능합니다.
그러나 모두가 그렇게 할 수 있는 것은 아닙니다.
그렇게 할 수 있다고 생각하는 것은 본인의 헛된 희망이고 망상일 뿐입니다.
즉 그렇게 할 수 있는 사람만이 그렇게 할 수 있습니다.

따라서 대통령은 대통령이 되어야 하는 사람만이 되어야 하는 자리입니다.
정승 판서 자리와는 근본적으로 다릅니다.
관찰사, 대장군의 자리와는 애당초 같은 자리가 아닙니다. 대통령의 자리가 더 높은 관직이기 때문에 다르다는 의미가 아니라는 것쯤은 잘 아실 것입니다.
그러므로 해야 하는 사람만이 해야 하고, 할 수 있는 사람만이 해야 하는 자리입니다.
즉 누구나 도전할 수는 있지만 아무나 할 수 있는 자리는 아닙니다.

대권에 도전하는 여러분!
겸손하십시오.
그냥 우리가 알고 있는 그 겸손이 아니라 국가와 국민과 우리의 역사 앞에서 본인이 진정으로 대한민국의 대통령에 적합한 사람인지 겸손하게 돌아보고 또 돌아보십시오.

대권을 얻기 위해 노력하는 각 정당 정치인 여러분!
당 대표라고, 정치 경험이 많다고, 정당 지지자들의 지지를 많이 받는다고, 지명도가 높다고, 대권 후보로 선택하는 어리석음을 더는 반복하지 마세요.

진정으로 그대들이 국가와 국민을 위한다면 누가 진정으로 대한민국의 대통령이 되어야 하고, 그대들은 그 대통령을 위해 진정으로 무엇을 해야 하는지 다시 생각해 보고 또 생각해 보시기 바랍니다.

바로 이것이 제가 역대 대통령의 사주로 대한민국 대통령의 필요충분조건을 살핀 이유입니다. 국가와 국민, 위대한 우리의 5000년 역사에 부끄럽지 않을 대통령, 그리고 훌륭하게 대통령직을 수행하고 아름답게 퇴임한 후 멋있게 남은 삶을 국가와 국민을 위해 봉사하는 전직 대통령으로 사는 그런 명예로운 대통령이 우리 모두가 기다리는 대통령이 아닌가요?

사주학 놀이라고 치부하지 마시기 바랍니다.
사주학의 역사와 깊이를 전혀 모르면서 함부로 이러쿵저러쿵 떠들지 마시기 바랍니다.
일개 사주학자의 일방적인 주장이라고 속단하지 마세요. 그러면 스스로 우매함을 자랑하는 것입니다.
그리고 그런 우매한 세 치 혓바닥 정도로 평가받을 사주학도 아니고 필자도 아닙니다.

기존 정치인 여러분!
그대들은 이미 80년 가까이 비극적이고 슬픈 대통령의 역사를 만들었습니다. 따라서 그대들의 판단, 그대들의 방법으로는 대한민국의 부끄러움을 잠재우기는 힘들다는 생각입니다. 즉 한마디로 그대들을 믿고 이 나라와 국민을 맡기는 일을 더는 말아야 한다는 말입니다.

신기루를 따라 목적지로 가려는 사람들, 말라버린 아침 이슬로 갈증을 해소하려는 사람들, 그림자로 태양을 가리려는 사람들, 다 녹은 고드름을 냉동실에 넣으려는 사람들.

이제, 그만두어야 하는 일 아닐까요?

그리고 이 땅의 정치인 여러분!
정치인의 자세를 그대들에게 보이니 겸허히 받드시기를 진정으로 바랍니다.

가) 불락정치不落政治 불매정치不昧政治 하라.
나) 양두구육羊頭狗肉 하지 마라.
다) 과하방선過河放船 하라.
라) 설두타지舌頭墮地 하지 마라.
마) 안우두끽초按牛頭喫草 하지 마라.
바) 화광토출和光吐出하지 마라.
사) 대상정립對象鼎立 하지 마라.
자) 고요함을 잃지 마라.
차) 과도한 의욕을 보이려 마라.

무슨 말인지 모르면 당장 정치를 그만두든지, 필자에게 와서 무슨 말인지 배우고 정치를 하시기 바랍니다.

왜냐하면,
그것이 대한민국과 국민과 우리의 위대한 역사를 지키고 번창하는 길이며, 통일을 이루는 길이고, 후대를 위한 우리의 책무이기 때문입니다.

# 열여섯 번째 강의
## - 대한민국 대통령에 따른 국가의 미래와 남북통일의 사주학적 판단

"우리는 남북통일이라는 민족적 과제를 가지고 있는데 언제쯤 남북통일이 될까요? 혹시 이것도 사주학으로 판단할 수 있나요?"

『그렇습니다. 남북통일은 우리 민족의 염원이자 과제입니다. 따라서 언젠가는 반드시 이루어야 하는 우리의 목표입니다. 그리고 이 목표를 달성하려면 어떻게 해야 하는지도 사주학으로 판단할 수 있습니다.』

"국가의 일인데 어떻게 사주학으로 판단할 수 있나요?"

『국가의 일도 국운國運에 따라 융성하기도 하고 그렇지 않기도 하기 때문입니다.』

"그러면 대통령에 따라 국운이 달라진다는 것과 일맥상통하나요?"

『그렇습니다. 가정은 가장에 의해 가장 큰 영향력을 받고, 기업은 최고경영자에 의해 가장 큰 영향을 받듯이 국가는 대통령에 의해 가장 큰 영향력을 받으므로 대한민국이라는 국가의 국운은 대한민국의 대통령에 의해 가장 큰 영향을 받는다고 할 수 있습니다.』

"그러나 대한민국은 그렇다고 해도 남북통일이 되려면 북한이 있으므로 대한민국 대통령이 하고자 해도 마음대로 되는 것이 아니지 않나요?"

『당연합니다. 대한민국이 통일을 원한다고 해도 북한이 따르지 않으면 쉽지 않을 것입니다.』

"그러면 어떻게 남북통일을 판단한다는 건가요?"

『남북통일이 국가의 일이지만 궁극적으로는 그 역시 사람의 일입니다. 따라서 남과 북의 지도자, 즉 북한의 지도자와 대한민국 대통령의 국가 경영 능력과 신뢰와 국제 정세의 변화 및 남북한 내부의 변화에 따라 얼마든지 통일을 이룰 수 있을 것입니다.』

"그러나 국제 정세는 남북한이 좌지우지할 수 있는 것은 아니므로 남북통일에 맞게 남한이건 북한이건 원하는 대로 만들 수 있는 건 아닌데요?"

『그 역시 사람의 일이므로 국가 경영 능력에 따라 원하는 것을 얻을 수 있을 것입니다.』

"결국, 남북통일을 하려면 몇 가지 핵심 사항이 있지만, 그 모두 사람의 일이므로 국가를 경영하는 지도자, 특히 남과 북 지도자의 국가 경영 능력에 따라 민족이 원하는 결과를 만들 수 있다는 말이네요?"

『그렇습니다. 그리고 그 중심에 대한민국의 대통령이 있습니다. 즉 대한민국의 대통령이 북의 지도자와 남북이 아닌, 통일 국가를 위한 경영 비전을 제시하고 공유하며 이끌어야 한다는 것입니다. 더구나 북의 국가 지도자는 세습제이므로 현재 기준이라는 점을 염두에 두고 남북통일의 과제를 차근차근 풀어나갈 능력을 대한민국의 대통령이 가지고 있어야 한다는 말입니다.』

"말씀은 이해할 수 있는데 그런 능력이 있는지 없는지, 어떻게 알 수 있나요?"

『사주학과 섭리의 흐름으로 알 수 있습니다.』

"예? 사주학으로 남북통일을 위한 국가 경영 능력을 판단할 수 있다는 말씀이세요?"

『그렇습니다.』

"오, 죄송합니다만 이것을 어디까지 믿어야 하는지 갑자기 머리가 복잡해지네요."

『믿고 안 믿고는 개인의 판단입니다. 저는 단지 사주학에 근거하여, 아니 고차원적인 사주학 판단으로 설명할 뿐입니다.』

"그럼 일단 시작하시면 좋겠습니다. 신뢰 여부는 모든 설명을 다 듣고 난 후에 결정해도 되는 일이니까요."

『우선 2022년과 2023년에 북한에 1차 변화가 일어나고, 2025년, 2026년과 2027년에 또 적지 않은 변화가 예상됩니다.』

"어떤 변화가 예상된다는 말인가요?"

『그것은 구체적으로 말씀드리지 못함을 이해하여 주시기 바랍니다.』

"선생님은 알고 계시는데 설명하지 않겠다는 뜻인가요?"

『그렇습니다. 제가 설명하지 않는 나름의 이유가 있다는 것을 양해하여 주시면 감사하겠습니다. 2022년, 2023년에 북한에 적지 않은 변화가 있을 것이므로 우선 2022년에 새롭게 취임하는 대한민국의 대통령께서 하실 일이 많다는 점을 말씀드립니다. 그리고 2025년, 2026년과 2027년도에도 변화가 있을 것이므로 차기 대통령은 물론 차차기 대통령께서도 여러 중요한 일을 처리해야 하십니다.』

"신임 대통령은 어떤 일을 해야 하는지요?"

『북한의 변화이므로 미시적으로는 남북 관계의 변화에 해당하는 일이고 거시적으로는 남북통일을 위한 일이라고만 말씀드리겠습니다.』

"북한의 변화가 무엇인지는 몰라도 남북통일까지 거론될 정도의 변화라면 2022년에 취임하는 대한민국의 대통령은 정말 중요한 역할을 할 것 같은데요?"

『당연합니다. 따라서 반드시 앞에서 설명한 대한민국의 대통령으로의 요건을 갖춘 분이 등장하시면 정말 좋겠습니다.』

"그러면 차기 대통령만 그러한가요?"

『아닙니다. 차기 대통령은 남북통일의 초석을 구축하는 일을 하게 되고 차차기 대통령이 역사적인 남북통일을 실현하는 역할을 맡게 될 것으로 생각합니다.』

"그러면 차차기 대통령도 반드시 대한민국의 대통령이 될 필요충분조건을 반드시 갖춘 분이 되어야 한다는 말씀이네요?"

『그렇습니다.』

"그러면 차기 대통령과 차차기 대통령 중 굳이 어느 한 분을 고르라면 어느 분이 남북통일을 위해 더 중요한 일을 하게 되나요?"

『한 분을 선택하라고 하니 정말 어려운 일이지만 굳이 한 분을 선택한다면 차차기 대통령이 조금 더 중요한 역할을 한다고 할 수 있습니다.』

"그러면 적어도 차차기 대통령은 반드시 대한민국의 대통령으로서의 필요충분조건을 확실히 갖춘 분이라야 한다는 말씀이네요."

『그렇습니다. 차기와 차차기 모두 필요충분조건을 갖춘 분이면 참으로 좋겠지만, 그것이 안 된다면 차차기 대통령만큼은 반드시 필요충분조건을 갖춘 분이 되시기를 정말 바랍니다.』

"그런 분을 어떻게 찾아서 모시나요?"

『그것이 바로 미시적으로는 당적을 떠나 정치인 모두가 해야 할 일이고,

거시적으로는 국민이 모두 힘을 합쳐서 해야 할 일이라고 생각합니다.』

"더 상세한 내용은 설명하지 않으시겠다고 하니 다른 각도로 몇 가지 질문 드리겠습니다. 대한민국 대통령의 필요충분조건으로 1) 진용신 2) 일간과 용신이 강한 분 3) 土 용신 4) 己 土 기운이 분명한 분 5) 대통령 재임 기간 중과 퇴임 후에도 운이 좋은 분 등을 꼽으셨는데 만일 이렇지 않은 분이 대통령이 되면 남북통일에 어떤 영향을 미치나요?"

『조금만 보충 설명을 하겠습니다. 우선 가용신은 국가와 대통령 본인에게 예기치 못한 악운의 변수를 가져올 수 있으므로 안 됩니다. 이미 앞의 전직 대통령의 사례에서 경험하였을 것입니다. 다음으로 차기와 차차기 대통령의 용신이 진용신이라는 전제로 말씀드립니다. 용신이 木 기운이면 북한과의 관계 개선에 큰 진전이 없을 가능성이 크고, 용신이 水 기운이면 북한과 여러 관계 개선이 진행은 되나 성과를 만들기 위해서는 거래의 기본 원칙을 반드시 지키며 매우 치밀한 전략으로 진행해야 할 것이며, 용신이 金 기운이면 북한과 좋은 관계를 유지할 수 있는데, 매우 강력한 金 기운의 용신을 가진 분이 대통령이 되어야 대화건 실천이건 균형을 유지하며 진전이 있을 것입니다. 만일 용신이 火 기운이면 북한과 관계 개선은 매우 어려울 것으로 생각되고, 용신이 土 기운이면 대화와 진전이 잘 될 수 있으나 전략적으로 잘 진행하지 않으면 자칫 수박 겉핥기가 될 수도 있을 것입니다.』

"북한과 좋은 관계를 만들고 남북통일에 한 걸음 가까이 가기 위해서 己 土 기운은 필요충분조건이 아닌가요?"

『필요충분조건이라고 할 정도는 아니지만 가능하면 그 기운을 대통령이 가지고 있으면 더 원만하고 진전된 성과를 만들 수 있을 것입니다.』

"어느 정도 가지고 있어야 하나요?"

『적어도 10% 정도 이상을 가지고 있어야 할 것입니다.』

"10%라고 하는 수치는 사주학적으로 근거 있는 수치인가요?"

『물론입니다.』

"위의 설명 내용을 보니 차기 대통령과 차차기 대통령의 조건이 매우 까다로운 것 아닌가요?"

『이미 말씀드린 대로 대한민국의 대통령은 정승 판서나 관찰사, 대장군의 자리와는 근본적으로 다른 지위입니다. 지위가 높아서 다르다는 의미가 아니라는 것쯤을 굳이 설명하지 않아도 잘 아실 것입니다. 따라서 당연히 까다로워야 하고 그 까다로운 조건을 충족한 분이 대통령이 되어야 미시적으로는 국가 경영을 원만히 할 수 있고, 거시적으로는 민족의 염원인 남북통일도 이룰 수 있을 것입니다.』

"하기야 적게는 5000만 명, 많게는 7000만 명이 넘는 국민이 사는 국가를 경영해야 한다는 점을 생각한다면 충분히 이해가 갑니다. 혹시 현재 북한 지도자의 사주는 판단하지 않으시나요?"

『질문에 대한 답변은 생략하겠습니다. 죄송합니다.』

"그럼, 단도직입적으로 남북통일은 언제쯤 되나요?"

『오래지 않으리라고 생각합니다.』

"꼭 집어서 말씀해주실 수 없나요?"

『이 정도로 마치면 좋겠습니다.』

# 열일곱 번째 강의
## - 대권 주자들의 사주 분석

◇ 윤석열 전 검찰총장 사주 분석

『지금부터는 차기 대통령에 도전할 가능성이 크신 분들의 대통령으로서의 사주를 분석하는 시간을 갖겠습니다. 사주 판단에 필요한 자료는 역시 인터넷을 이용하였습니다. 따라서 이 점을 고려하여 각자 판단해 주시기 바랍니다. 먼저 윤석열 씨부터 분석하겠습니다. 다음 사주를 보시기 바랍니다.』

```
          윤석열 1960년 12월 18일생

              庚   戊   庚   丙
              비견  편인       편관
              子   子   辰   戌
              상관  상관  편인  편인

         6  16  26  36  46  56  66  76  86  96
         己  庚  辛  壬  癸  甲  乙  丙  丁  戊
         丑  寅  卯  辰  巳  午  未  申  酉  戌
```

열일곱 번째 강의 - 대권 주자들의 사주 분석 **119**

『먼저 오행을 분석하겠습니다. 사주 속의 오행의 비율은 다음과 같습니다. 일간 金 기운이 약 18.1%, 인성 土 기운이 약 28.8% 관성 火 기운이 약 8.1%, 식상 水 기운이 약 39.4%, 재성 木 기운이 약 5.6%입니다. 따라서 일간 金 기운이 약한 편인데, 인성 기운 중에는 편인이 강하고, 식상 중에서는 상관 기운이 강하며, 관성 중에는 편관 기운이 강한 사주입니다.』

"그러면 신약 사주인가요?"
『예, 일간 庚 金이 子 月에 태어났고, 오행의 기운 중에 상관의 기운이 가장 강하기 때문입니다.』
"그러면 용신은 무엇이 되나요?"
『인성이 용신이 되므로 土 기운이 용신입니다. 따라서 희신은 관성 火 기운이고, 악운 기신忌神은 재성 木 기운이며, 한신은 비겁 金 기운과 식상 水 기운인데, 식상 水 기운은 악운 기신을 生 하므로 악운 구신仇神이 되고, 비겁 金은 기신을 훼 하므로 좋은 운 구신求神 역할을 한다고 할 수 있습니다.』
"그러면 土 운과 火 운과 金 운에는 운이 좋고, 水 운과 木 운에는 운이 나쁘다고 할 수 있네요?"
『일단 그렇게 말할 수 있으나 용신이 가용신이므로 100% 그렇게 단정해서는 안 됩니다.』
"그러면 윤석열 씨가 대통령에 당선될 가능성은 어떻고 또 대한민국의 대통령으로서의 필요충분조건은 어느 정도 충족하고 있나요?"
『20대 대통령 선거는 2022년 3월 9일이 될 가능성이 큽니다. 따라서 2022년은 壬寅년이고 3월 9일은 癸卯 월입니다. 한 마디로 모두 水와 木 기운이 충만한 시기입니다.』

"그러면 기신忌神 운과 구신仇神 운이니 운이 나쁜 것 아닌가요?"

『그렇습니다. 2021년은 辛丑년이니 윤석열 씨에게는 좋은 운이나 내년은 그렇지 않습니다.』

"그러면 대통령에 당선될 가능성이 적다고 할 수 있겠네요?"

『아직 판단할 것이 있으므로 지금 단정하면 안 됩니다.』

"무엇인가요?"

『이 사주는 희신이 관성입니다. 따라서 관성 운을 살펴야 합니다.』

"관성 운의 판단은 어떻게 하나요?"

『식생재, 재생관의 흐름을 살피는 것이 우선입니다.』

"즉 식상이 재성을 돕고, 도움을 받은 재성이 관성을 도와서 관성 운이 크게 흥하면 대통령이 될 가능성이 있다는 말씀인가요?"

『그렇습니다. 앞의 전직 대통령 사주 분석에서도 이런 사례가 있었을 것입니다. 따라서 이제 이 관성 운의 흐름을 살피겠습니다. 2022년 윤석열 씨의 대운은 甲午입니다. 특히 대운의 후반기에 속하므로 午 대운의 영향력을 기억해야 합니다. 그런데 이 午는 관성 희신 운입니다. 따라서 대운만 살피면 일단 관성 운이 좋다고 할 수 있습니다. 다음으로 연운 壬寅입니다. 壬寅의 壬은 水 기운으로 식상 운이고, 寅은 木 기운으로 재성입니다. 즉 식상과 재성의 운입니다. 따라서 식생재, 재생관의 흐름을 만들 수 있으니 관운이 흥한다고 할 수 있습니다.』

"그러면 어떻게 판단해야 하나요?"

『이 사주의 관성 운은 희신입니다. 따라서 관성 운이 흥하면 용신이 좋아집니다. 따라서 윤석열 씨는 관성 운으로 대권에 도전할 수 있고 당선 가능성도 있습니다. 그러나 아쉬운 점이 여럿 있습니다.』

"대통령에 당선되면 좋은 것 아닌가요? 무엇이 아쉽다는 것인가요?"

『우선 용신이 가용신이고, 사주 속에 대한민국을 아우를 수 있는 己 土 운이 없다는 것입니다. 더구나 용신이 土 운이므로 좋은데 己 土가 없으니 참으로 아쉬울 따름입니다.』

"그럼 만일 윤석열 씨가 대통령이 된다면 남북 관계는 어떻게 예측할 수 있나요?"

『원만할 것으로 생각합니다. 다만 앞에서 설명한 土 용신의 대통령이 기억해야 할 내용을 반드시 실천하여야 할 것입니다.』

"그러면 앞에서 설명하신 내용에 따라 남북통일의 기반을 구축할 수 있을까요?"

『어느 정도는 구축할 수 있을 것으로 판단합니다.』

"어느 정도라는 것을 어떻게 해석해야 할까요?"

『남북통일을 위한 완벽한 기반 구축은 어렵겠지만, 교두보 정도나 기초 작업 정도는 할 수도 있다고 생각합니다.』

"만일 윤석열 씨가 대통령에 당선되면 재임 기간 중의 운은 어떤가요?"

『질문에 답하기 전에 앞에서 제가 설명하기를 2022년과 2023년에 북한에 변화가 있을 것이므로 대한민국 대통령의 역할이 중요할 것이라고 하였습니다. 그런데 아쉽게도 윤석열 씨는 2022년과 2023년에 운이 그다지 좋은 편이 아닙니다. 따라서 북한의 변화에 대통령으로서 큰 고통을 겪거나, 아니면 다른 형태로 적지 않은 어려움을 겪을 수 있다는 생각이 듭니다.』

"이유가 무엇인가요? 연운이 나빠서 그런가요?"

『그 이유도 물론 있지만, 또 다른 이유는 윤 전 총장의 관성 火 운 때문입니다.』

"그러면 결과를 어떻게 알 수 있나요?"

『윤석열 씨의 지혜에 달려 있습니다.』

"무슨 말씀이신가요?"

『좋은 운을 얻으려면 본인의 노력이 99%라고 하였습니다. 그리고 나쁜 운이 올 때 역시 본인의 지혜로운 실천 행동으로 나쁜 운의 크기와 형태를 바꿀 수 있다고 설명한 것을 기억하여 주시기 바랍니다.』

"2024년부터는 어떻습니까?"

『무난하다고 생각합니다. 다만 2026년은 丙午년으로 좋은 희신 운이므로 고려해야 할 점이 적지 않다고 생각합니다. 더구나 이때 북한에 적지 않은 변화가 있으므로 역시 남다른 지혜를 얻어 실천해야 할 것입니다.』

◇ 이재명 경기도 지사의 사주 분석

| 이재명 1963년 12월 8일 |
| --- |
| 癸 甲 乙 丙 |
| 편인 겁재　 상관 |
| 卯 子 酉 戌 |
| 비견 편인 편관 정재 |
| 　 |
| 1　11　21　31　41　51　61　71　81　91 |
| 을　갑　계　임　신　경　기　무　정　병 |
| 축　자　해　술　유　신　미　오　사　진 |

『이재명 경기도 지사의 사주를 분석하겠습니다. 먼저 오행을 살피겠습니다. 일간 木 기운이 31.3%로 가장 비중이 크고, 다음으로 관성 金 기운이 24.3%고, 재성 土 기운이 11.3%며, 인성 水 기운이 25%이고, 식상 火 기운이 8.1%입니다.』

"그러면 용신이 무엇인가요?"

『무엇으로 삼아야 할지 한 번 말씀해보시지요.』

"일주가 강하고 비겁이 힘이 있고, 재성이 약하므로 식상 火가 용신이 되어야 하는 것 아닌가요?"

『그러면 용신 식상의 힘이 너무 약하므로 적합하지 않을 것입니다.』

"그러면 무엇이 용신이 되어야 하나요?"

『용신의 힘이 강해야 하므로 관성 金이 용신이 되고, 재성 土가 희신이며, 기신은 식상 火가 되고, 구신仇神은 비겁 木이 되며, 구신求神은 인성 水가 될 것입니다.』

"그러면 金 운과 土 운, 水 운에는 좋고, 火 운과 木 운에는 나쁘다고 해야 하나요?"

『그렇습니다.』

"그런데 만일 식상 火를 용신으로 삼으면 어떻게 되나요? 식상을 돕는 비겁 木의 힘이 강하므로 나쁘지 않을 것 같은데요?"

『그러면 희신이 비겁 木이 되고, 기신은 인성 水가 되며, 구신仇神은 관성 金이 되고, 구신求神은 재성 土가 될 것입니다. 그런데 관성이 악운 구신仇神이 되면 관운 등 사회 운과 인연이 없으니 이재명 씨가 성남시장도 될 수 없었을 것이고, 경기도 지사는 더욱더 어려웠을 것입니다. 따라서 이 사주의 경우 관성으로 용신으로 삼아야 할지, 식상으로 용신으로 삼아야 할지

고민되지만, 관성으로 용신으로 삼는 것이 타당하다고 할 것입니다.』

"그러면 성남시 시장과 경기도 지사에 당선된 경우를 살펴보면 좋겠습니다."

『예, 그렇게 하겠습니다. 이재명 씨가 성남시장에 당선된 것은 2010년 庚寅년입니다. 이때의 대운은 辛酉입니다. 즉 대운 辛과 酉 모두 용신 金 관성 운이고 연운 庚 역시 용신 金 관성 운입니다. 특히 연운, 庚은 사주 속의 乙과 간합을 이루어 강력한 관성 金 운으로 바뀌므로 관성 金 운이 더욱 강해졌습니다.』

"그런데 연운 寅은 왜 살피지 않나요? 인은 강력한 木 운으로 구신仇神인데요?"

『만일 연운의 寅까지 좋은 운이었다면 아마도 성남시 시장에서 떨어졌을 것입니다.』

"왜 그런가요?"

『용신 관성 金 운이 가용신이기 때문입니다.』

"아! 그렇군요! 가용신!"

『그리고 경기도 지사에 당선된 것은 2018년 戊戌년입니다. 이때의 대운은 庚申입니다. 따라서 대운의 庚과 申 모두 관성 金 운이고, 연운의 戊戌은 모두 희신 재성 운입니다. 따라서 경기도 지사에 무난히 당선되었던 것입니다.』

"질문 있습니다. 2018년 연운이 戊戌이면 모두 희신 운이므로 대운과 함께 운이 너무 좋은데 용신이 가용신이므로 경기도 지사 선거에서 떨어져야 하는 것 아닌가요?"

『좋은 질문을 하셨습니다. 결론부터 답한다면 맞습니다. 떨어져야 합니다.』

"그런데 왜 당선되었나요?"

『연운 戊戌의 戊는 사주의 癸와 합이 되어 기신 식상 火가 됩니다. 따라서 연운 戊戌 모두 좋은 운이 아닙니다. 그래서 성남시 시장에 당선될 때와 마찬가지로 경기도 지사에 당선된 것입니다.』

"아! 기막히다는 말밖에 할 말이 없군요."

『이제 이 지사의 용신은 관성 金이라는 것이 판명되었으니 대권과의 인연을 살피겠습니다. 2022년은 壬寅년입니다. 이때의 대운은 이 지사가 60세이므로 庚申입니다. 즉 대운은 모두 관성 용신 金 운으로 좋습니다. 이제 연운을 살피겠습니다. 연운 壬寅의 壬은 인성 水 기운으로 좋은 운 구신求神이고, 寅은 강력한 비겁 구신仇神입니다. 그러면 당선과 인연이 있겠습니까? 없겠습니까?』

"2010년 성남시 시장에 당선될 때와 유사하다는 생각이 들어 당선될 것 같다는 생각이 듭니다."

『잘 보셨습니다. 그렇습니다. 연운 寅이 구신仇神이므로 절묘하게 당선 가능성이 있는 운입니다. 그러나 문제가 있습니다.』

"어떤 문제가 있나요?"

『악운 기신의 비율이 좋은 운의 비율보다 더 크다는 것입니다.』

"그럼 좋은 운과 악운의 비율이 어느 정도인가요?"

『약 33 : 67로 나쁜 운이 더 큽니다. 즉 이 비율이 반대로 되면 당선이 확실한데 그렇지 않다는 것이 문제라는 것입니다.』

"그러면 윤 전 총장의 선운과 악운 비율을 살펴야 하겠네요."

『윤 전 총장의 2022년도 선운과 악운의 비율은 약 7 : 93입니다. 즉 이 지사보다 악운의 비율이 더 높습니다.』

"그러면 이 지사가 당선되는 것 아닌가요?"

『다른 세 분도 살핀 후 결정해야 할 것입니다.』

"그러면 이 지사 사주에는 대한민국의 대통령으로서의 필요충분조건을 충족하고 있나요?"

『아닙니다. 용신도 가용신이고, 사주에 己 土가 없으며, 용신이 土가 아니고 金이어서 국가를 제어하는 능력은 있지만, 대한민국과 혼연일체가 되는 힘은 없습니다. 또 당선 후 재임 기간 중의 운도 壬寅, 癸卯, 甲辰, 乙巳, 丙午이므로 좋다고 할 수 없습니다.』

"그러면 북한과의 관계는 어떤가요?"

『나쁘지 않을 것입니다.』

"그러면 통일을 위한 초석을 만들 수 있다고 보시나요?"

『가능하다고 봅니다. 다만 재임 기간 중의 대운은 좋으나, 연운이 조금 더 좋았으면 하는 아쉬움이 진하게 남습니다.』

"그 이외에 북한과의 관계에 이 지사가 대통령으로서 반드시 유념해야 하는 점은 없나요?"

『있습니다.』

"무엇인가요?"

『북한과 대화는 진행될 수 있을 것입니다. 그러나 아쉬운 것은 북한과의 대화에서 밀릴 수 있다는 점입니다. 물론 2022년과 2023년에 북한에 변화가 있을 것이므로 그 변화에 따라 대화의 방향이나 주도권이 달라질 수 있지만, 일단 변화가 없고 현 상태라고 가정한다면 대화와 실천에서 밀릴 가능성이 크므로 매우 전략적이고 치밀하게 시작하고 진행해야 할 것입니다.』

"현 정부에서 참고할 사항은 없나요?"

『현 정부 초기에는 북한과 좋은 관계를 맺는 것처럼 보였지만 결국 큰 성과 없이 원래의 자리로 돌아간 형국입니다. 저는 왜 이렇게 되었는지 사주학적으로 알고 있습니다. 따라서 이재명 지사가 대통령이 되어 북한과 대화를 하며 관계 개선에 나설 때 전략적이며 치밀한 준비와 실천이 없다면 현 정부와 같은 결과만 남을 가능성이 큽니다. 물론 이런 예측은 2022년과 2023년에 북한에 변화가 없다는 가정이라는 점을 분명하게 짚고 갑니다.』

◇ 이낙연 전 총리의 사주 분석

```
            이낙연 1952년 1월 11일 (음 1951.12.15)

                     辛    辛    丙    戊
                    정재   정재   식신
                     卯    丑    辰    子
                    인수   상관   식신   정관

              1    11   21   31   41   51   61   71   81
              庚    己    戊    丁    丙    乙    甲    癸    壬
              子    亥    戌    酉    申    未    午    巳    辰
```

『먼저 오행을 분석하겠습니다. 일간 火 기운이 약 6.3%, 재성 金 기운이 약 14.4%, 식상 土 기운이 약 28.7%, 관성 水 기운이 약 26.3%, 인성 木 기운이 약 24.3%입니다. 그리고 관성은 정관이라는 것을 미리 말씀드립니다.』

"일간의 힘이 약해 보이는데요?"

『그렇습니다. 일간 火 기운이 6.3% 정도밖에 안 될 정도로 약합니다. 더구나 丑 月에 태어났으므로 이 사주는 신약 사주입니다.』

"그러면 용신이 무엇인가요?"

『일주가 약하고 식상이 강한데 인성이 있으면 인성이 용신이므로 이 사주의 용신은 인수 卯입니다. 따라서 희신은 관성 水 기운이고, 악운 기신은 재성 金이며, 악운 구신仇神은 식상 土 기운이고, 좋은 운 구신求神은 비겁 火 기운입니다.』

"그러면 인성 木과 관성 水, 식상 火 운은 좋고, 재성 金과 식상 土 운에는 나쁘다고 할 수 있나요?"

『그렇습니다. 그러나 이 사주의 용신 역시 가용신이므로 유념해야 할 것입니다.』

"조금 전 오행을 설명하실 때 정관을 강조하셨는데 특별한 이유가 있나요?"

『이 사주에서 관성은 희신입니다. 따라서 관운이 있다고 일단 판단할 수 있는데 그 관성이 정관입니다. 따라서 착실하게 단계를 밟아 높은 관직에 오른다는 의미가 있기에 미리 말씀드린 것입니다.』

"그러면 대통령까지 갈 수 있는 것 아닌가요?"

『이미 말씀드린 것처럼 대통령이 총리 위의 관직이지만 정승 판서와 군왕은 근본적으로 다릅니다. 따라서 이낙연 씨가 국회의원과 도지사를 거쳐 총리까지 하셨고, 관운이 희신이므로 대통령이 된다고 판단하는 것은 너무 성급한 일입니다.』

"그러면 이 전 총리의 대통령 운은 어떻게 되나요?"

『2022년은 壬寅년입니다. 그리고 이때 이 사주의 대운은 癸巳입니다. 따라서 대운의 癸는 관성 운이니 좋고, 대운의 巳는 식상 求神 운으로 나쁘지 않습니다. 따라서 대운은 좋다고 할 수 있습니다.』

"그러면 연운은 어떤가요?"

『연운 壬寅의 壬은 관성 水 운이니 좋고, 寅은 용신과 같은 木 운이니 좋으므로 2022년의 연운은 좋은 해입니다.』

"그러면 대통령에 당선되는 것 아닌가요?"

『그 이전에 민주당의 대통령 후보 경선이 2021년입니다. 따라서 이 지사건, 이 전 총리건 이 경선에서 이겨야 대통령 선거에 나갈 수 있습니다.』

"그렇군요. 그러면 2021년의 민주당 경선은 누가 유리한가요?"

『2021년은 辛丑년입니다. 따라서 이 전 총리는 10 : 90으로 운이 좋지 않고, 이 지사는 93 : 7로 운이 좋습니다.』

"그러면 이 지사와 이 전 총리가 경선하면 이 지사가 이길 가능성이 크겠네요?"

『그렇습니다만, 정 전 총리도 있고 추 전 장관도 거론되는 등 아직 대권주자가 확정되지 않았으므로 무엇이라고 확답하기 어렵다고 봅니다.』

"그렇군요. 아직 대통령 당선 여부를 판단하기에는 시기상조라는 생각이 드네요. 그럼 만일 이 지사가 대통령이 되면 북한과의 관계는 어떨까요?"

『쉽지 않다고 생각합니다.』

"일본과는 어떨까요?"

『역시 어렵다고 생각합니다.』

"미국과는 어떨까요?"

『원만할 것으로 생각합니다.』

"중국과는 어떨까요?"

『내생來生의 관계이므로 거생去生을 실천하면 좋을 것으로 생각합니다.』

"러시아와는 어떨까요?"

『쉽지 않으리라 생각합니다.』

"이 전 총리가 윤 전 총장과 이 지사보다 사주학적으로 좋은 점이 무엇인가요?"

『앞의 두 분, 윤석열 전 검찰총장과 이재명 경기도 지사에게는 없는 己
土 기운이 이 사주의 지장간에 당당히 자리 잡고 있다는 점이 그 첫 번째
고, 용신 木과 희신 水가 모두 대한민국이라는 국가와 매우 좋은 인연이라
는 점이 두 번째이며, 끝으로 만일 대통령에 당선된다면 향후 5년의 운이
그렇게 나쁘지 않다는 것이 세 번째입니다.』

"그럼 외교적으로 쉽지 않은 경우는 어떻게 풀어나가야 하나요?"

『쉽다, 어렵다는 산물이고 모두가 사람의 일입니다.』

"조금 더 상세히 말씀해주시면 안 되나요?"

『부재춘풍부재천不在春風不在天입니다.』

◇ 안철수 국민의 당 대표의 사주 분석

| 안철수 1962.2.26 |
|---|
| 壬　壬　乙　辛 |
| 인수　인수　　편관 |
| 寅　寅　未　巳 |
| 겁재　겁재　편재　상관 |
| |
| 2　12　22　32　42　52　62　72　82　92 |
| 癸　甲　乙　丙　丁　戊　己　庚　辛　壬 |
| 卯　辰　巳　午　未　申　酉　戌　亥　子 |

『이 사주의 오행을 분석하겠습니다. 일간 木 기운이 약 28.1%, 인성 水
기운이 약 12.5%, 관성 金 기운이 약 11.9%, 재성 土 기운이 약 23.1%,

식상 火 기운이 약 24.4%입니다. 즉 오행을 나름대로 고루 갖춘 사주라고 할 수 있습니다.」

"이 사주는 신강 사주인가요? 신약 사주인가요?"

『일주 乙 木이 월지 寅 木에 태어났고, 다른 기둥에 겁재가 또 있으므로 신강 사주라고 할 수 있습니다.』

"그러면 용신은 무엇인가요?"

『일간 乙 木의 기운을 조절하여 주는 재성 土 기운이라고 할 수 있습니다.』

"일간 木 기운을 조절하려면 제일 먼저 관성을 용신으로 삼아야 하는 것 아닌가요?"

『그렇게 판단할 수도 있지만, 관성의 힘이 상대적으로 약할 때 재성이 강하면 재성을 용신으로 삼는 것이 원칙입니다. 그래야 용신이 강해지니까요.』

"그러면 용신이 재성 土 기운이니, 희신은 식상 火 기운이 되고, 악운 기신은 비겁 木 기운이고 악운 구신仇神은 인성 水 기운이며, 관성 金 기운은 좋은 구신求神이 되겠네요?"

『그렇습니다. 따라서 일간 土, 식상 火, 관성 金 기운에는 운이 좋고, 비겁 木과 인성 水 기운에는 운이 나쁘다고 할 수 있습니다.』

"대한민국 대통령의 필요충분조건을 어느 정도 갖추고 있나요?"

『일단 일간도 강하고 용신도 강한 편이기에 나쁘지 않고, 일간이 木 기운이고, 土 기운이 용신이므로 역시 나쁘지 않다고 할 수 있습니다.』

"그런데 己 土가 없는데요?"

『사주 명식에는 없지만 지장간에 당당히 있습니다.』

"그러면 2022년 대통령 선거에서 당선 가능성은 어느 정도인가요?"

『2022년은 壬寅년이고, 이때의 대운은 戊申으로 申 대운의 영향력이 큰

시기입니다. 따라서 대운은 용신과 관성 구신求神의 운이므로 좋다고 할 수 있고, 연운 壬은 水 기운이고, 寅은 木 기운이므로 나쁘다고 할 수 있습니다. 그런데 운은 대운보다 연운의 영향력이 더 크므로 전체적으로 판단할 때는 10 : 90으로 좋은 운은 아니라고 생각합니다.』

"그러면 대통령에 당선될 가능성이 크지 않겠네요?"

『그렇게 판단됩니다.』

"만일 안 대표가 대통령이 된다면 남북 관계는 어떻게 될까요? 통일을 위한 기초를 다질 수 있나요?"

『남북 대화와 협력은 잘 될 수 있을 것으로 판단하지만 성과는 미지수입니다.』

"왜 성과는 미지수라고 하시나요?"

『자칫 북한에 끌려다닐 수 있기 때문입니다.』

"안 끌려다니려면 어떻게 해야 할까요?"

『거생의 관계니 내생을 얻어 실천하면 될 것입니다.』

"일본과는 어떨까요?"

『나쁘지 않을 것입니다.』

"그럼 미국과는요?"

『쉽지 않을 것입니다.』

"그럼 어떻게 하나요?"

『땅은 있으니 뿌리를 내리게 하면 될 것입니다.』

"중국과는요?"

『역시 쉽지 않을 것입니다.』

"그러면 어떻게 하나요?"

『보堡를 열어 물길을 만들면 될 것입니다.』

"러시아와는요?"

『일단 생의 관계지만 자칫 끌려다닐 우려가 있다고 봅니다.』

"그러면 대한민국 대통령으로서의 조건은 어느 정도 갖춘 것 아닌가요?"

『갖춘 것도 있지만, 갖추지 못한 것도 있습니다. 만일 2022년에 대통령에 당선되어도 2022년, 2023년은 그렇게 운이 좋은 편이 아닙니다. 그런데 이때 북한에 변화가 있을 것이므로 대응하는 것에 어려움이 있을 수 있다고 판단됩니다.』

◇ 정세균 전 총리의 사주

```
                정세균 1950년 11월 5일

                庚    丙    甲    甲
                편관  식신       비견
                寅    戌    辰    子
                비견  편재  편재  인수

          1   11   21   31   41   51   61   71   81   91
          丁   戊   己   庚   辛   壬   癸   甲   乙   丙
          亥   子   丑   寅   卯   辰   巳   午   未   申
```

『먼저 오행을 분석하겠습니다. 일간 木 기운이 약 28.1%, 관성 金 기운이 약 11.9%, 식상 火 기운이 약 12.5%, 재성 土 기운이 약 26.9%, 인성 水 기운이 약 20.6%입니다. 따라서 오행을 나름대로 모두 갖추었다고 할 수 있습니다.』

"그러면 이 사주는 신강인가요? 신약인가요?"

『일주 甲 木이 월지 戌 土에 태어났으니 사주 일반 이론에 따르면 일단 신약이라고 할 수 있습니다.』

"선생님 답변이 조금 애매한데 혹시 이 사주가 신약 사주가 아니라고 생각하시나요?"

『그렇습니다. 甲 일주가 戌 土 월지에 태어났으니 신약이 맞지만 그렇게 단정하기에는 일주를 돕는 木 기운과 水 기운이 사주 속에 제법 강합니다. 즉 일주를 직접 돕는 기운을 모두 합하면 48.7%이고 일주를 힘들게 하는 기운의 합은 38.8%인데, 그것도 직접 일주를 剋 하는 기운만 따지면 11.9%에 불과하기 때문입니다.』

"그러면 용신을 무엇으로 삼아야 하나요?"

『따라서 용신을 관성 金으로 삼아야 합니다. 그러면 희신은 재성 土 기운이 되고, 기신은 식상 火 기운이 되며, 구신仇神은 비겁 木 기운이고, 구신求神은 식상 水 기운이 됩니다.』

"그러니까 金, 土, 水 운은 좋고, 火, 木 운은 나쁘다고 할 수 있네요?"

『그렇습니다.』

"사주에 보면 己 土가 보이지 않네요?"

『예, 아쉽게도 이 사주에 己 土는 없습니다.』

"그럼 대한민국과 인연은 어떻습니까?"

『용신과 일간이 木 기운이므로 대한민국과 동일 기운이니 좋다고 할 수 있습니다.』

"그럼 올해 예정된 민주당 경선에서 이 지사와 지 전 총리와 경선을 해야 할 것으로 보이는데 결과가 어떨까요? 앞의 설명에서는 이 지사가 우세했는데요?"

『정 전 총리의 2021년 운의 비율을 약 90 : 10으로 좋은 운이 강합니다.』

"그러면 이 지사, 정 전 총리, 이 전 총리 이렇게 세 분이 경선에 나가면 이 지사가 가장 유리하다는 것인가요?"

『수치상으로는 그렇습니다만 이 지사와 정 전 총리의 차이가 크지 않으므로 약간의 변수는 있다고 생각합니다.』

"만일 정 총리께서 대통령이 되신다면 남북 관계는 어떤가요?"

『나름대로 원만할 것으로 생각합니다. 다만 용신 金이 대한민국과 상극이므로 아쉽다고 생각합니다.』

"미국과는 어떨까요?"

『쉽지 않을 것입니다.』

"중국과는 어떤가요?"

『나쁘지 않지만 자칫 끌려다닐 가능성이 있으므로 유념해야 할 것입니다.』

"일본과는 어떤가요?"

『내생의 관계이니 거생을 먼저 실천하면 바람직한 결실을 얻을 것입니다.』

"러시아와는 어떨까요?"

『나쁘지 않을 것이지만 힘겨루기에서 밀릴 가능성이 있다는 점을 말씀드립니다.』

"그럼 2022년 대통령 선거에서 당선 가능성은 어떤가요?"

『이때 대운은 甲午이므로 대운은 그렇게 좋은 운이 아닙니다. 그리고 연운의 壬은 구신求神 운이지만, 寅은 木 운으로 강력한 구신仇神이므로 역시 좋다고 할 수 없으므로 전체적으로 볼 때 2022년 운은 좋은 편이 아니므로 대통령에 당선되기 쉽지 않을 것 같습니다.』

"그러면 제왕 사주라고 할 수 없겠네요?"

『당연합니다. 다만 오행을 고루 갖추고 있고, 관성이 용신이므로 관운이 좋으면 높은 관직에 오를 수 있는 사주입니다. 그 실례로 이 사주의 대운을 살피면 어릴 때부터 金, 土, 水운이 대운을 지배하고 있습니다. 그리고 가장 최근에는 2020년 庚子년에 金, 용신 운과 子 구신求神 운이 오면서 총리직에 오르게 됩니다.』

"그런데 2020년 당시 대운은 甲午로 운이 나쁘지 않았나요?"

『이 사주의 용신이 가용신이므로 대운은 나쁘고 연운이 좋아 총리에 오른 것입니다. 만일 대운마저 좋았다면 최악의 악운에 시달릴 수 있었을 것입니다.』

# 열여덟 번째 강의
## – 잠정적 대권 주자 다섯 명의 대선 승리 가능성 및 직무 능력의 사주학적 판단

『이제 앞에서 설명한 다섯 분의 차기 대권 주자들의 대통령 가능성을 비롯한 대한민국과의 인연을 살피겠습니다.』

"어떤 내용을 살필 건가요?"

『대한민국 대통령으로서의 기본적인 필요충분조건과 차기 대통령 당선 가능성 및 평화적 남북통일을 위한 디딤돌 구축 가능성 및 원만한 국제 외교의 가능성, 국내 경제 도약 가능성, 국민 통합 가능성, 창의적 국정 운영 가능성, 국가 및 국정 통제 능력 등 대한민국 대통령으로서의 책무를 어느 정도 원만하게 수행하여 국가와 국민의 번영에 이바지한 후 명예롭게 퇴임하여 존경받는 전직 대통령이 될 것인지 그 가능성을 판단할 것입니다.』

"그 모든 것들이 사주학으로 판단 가능한가요?"

『그렇습니다. 왜냐하면, 대통령은 국가를 경영하는 사람이기 때문입니다.』

◇ 대권 주자 다섯 명의 대한민국 대통령으로서의 기본적인 필요충분 조건 비교

|  | 윤석열 | 이재명 | 이낙연 | 안철수 | 정세균 |
|---|---|---|---|---|---|
| 일간 힘 | 18.1 | 31.1 | 6.3 | 28.1 | 28.1 |
| 용신 힘 | 28.8 | 24.3 | 24.3 | 23.1 | 11.9 |
| 진가 | 가용신 | 가용신 | 가용신 | 가용신 | 가용신 |
| 근土 힘 | 없음 | 없음 | 11.25 | 11.25 | 없음 |
| 제왕 사주 | 아님 | 아님 | 아님 | 아님 | 아님 |

"이 다섯 분의 기본적인 필요충분조건을 표로 정리하여 보니 앞의 전직 대통령의 경우와 비교하면 이해가 빠르겠다는 생각이 드네요."

『좋은 제안이라고 생각합니다.』

|  | 김영삼 | 전두환 | 노태우 | 노무현 | 박정희 |
|---|---|---|---|---|---|
| 일간 힘 | 57.5 | 41.3 | 27.5 | 39.5 | 28.8 |
| 용신 힘 | 57.5 | 41.3 | 27.5 | 39.5 | 26.6 |
| 근土 힘 | 28.8 | 없음 | 15 | 4.4 | 4.4 |
| 진가 | 진용신 | 진용신 | 진용신 | 진용신 | 가용신 |
| 제왕 사주 | 99% | 90% | 85% | 95% | 아님 |

"상기 두 표를 비교하니 여러 가지 생각이 드네요."

『그럴 것입니다. 물론 두 표의 비교로 모든 것을 단정할 수는 없지만, 그냥 넘겨서는 안 될 부분이 분명히 있다는 생각이 들 것입니다.』

"그럼 표의 수치는 사주학적 이론으로 창출한 것인가요?"

『당연합니다. 제가 임의로 이런 수치를 기록한다면 그것은 커다란 기만입니다.』

"그럼 오랫동안 사주학을 연구하였을 텐데 그냥 공부해도 어려운 사주학을 왜 이렇게까지 연구하였나요?"

『사주를 모르는 사람들에게 사주학이 조금 더 쉽게 접근하는 방법이 무엇일까 고민 끝에 창안한 방법입니다. 물론 100% 사주학 이론에 근거한 것입니다. 저의 개인적인 독단과 편견은 일절 개입하지 않았음을 다시 한번 말씀드립니다.』

"그러면 여타의 다른 사주학자들은 이 방법을 모르겠네요?"

『그렇지는 않을 것입니다. 저보다 사주학을 더 많이 연구한 분이 틀림없이 계실 테니까요.』

"표에 보면 김영삼 전 대통령이 모든 수치에서 월등히 앞서는데 그 의미가 무엇인가요?"

『한마디로 제왕 사주 유형으로 역대 대통령과 차기 대선 후보자 5인을 모두 포함한 14분 중에 가장 이상적인 대한민국의 대통령 사주라는 의미입니다.』

"그러면 여러 번 말씀하셨던 대한민국의 미래를 위한 전형적인 대통령 사주는 김영삼 대통령의 사주가 하나의 모델이 된다는 논리도 성립하나요?"

『그렇습니다. 다만 재임 기간 중의 운이 고려되지 않았다는 것을 꼭 기억하기 바랍니다. 대한민국이 길이 번창하고 남북이 평화적으로 통일이 되어 5000년 역사에 새로운 이정표를 보여줄 대통령은 적어도 김영삼 전 대통령의 사주를 뛰어넘는 분이어야 할 것입니다. 물론 재임 기간 중의 운도 매우 좋아야 하고요.』

"그런 분이 있을까요?"

『5000만 명의 국민이 사는 대한민국입니다. 따라서 분명히 있습니다.』

"그런 분을 어떻게 찾나요?"

『국민과 언론과 정치인이 해야 할 일입니다. 정쟁을 멈추고, 프레임 만들기를 중단하고, 내 편, 네 편을 떨쳐버리고, 쓸데없는 자기주장, 이념 논쟁을 과감히 멈추고, 모두가 국가와 국민, 후세를 위해 찾으려 한다면 안 될 것도 없을 것입니다.』

"듣고 보니 한마디로 대한민국 미래의 국운이 달려 있다는 생각이 확실히 드는 것 같습니다."

『그래서 개인적 명예 때문에, 권력 때문에, 정치적 목적 때문에, 주변 사람들의 이익 때문에, 정치적 보복을 숨긴 가당찮은 명분 때문에 대통령이 되려는, 권력을 잡으려는 일을 이제는 과감히 중단해야 한다고 생각합니다.』

"김영삼 전 대통령이 다른 전임 대통령과 현재의 대권 주자 다섯 분보다 모든 수치가 앞선 가장 이상적인 대통령 사주에 가깝다고 하셨는데 그렇다면 김 대통령이 가장 대통령직의 책무를 잘 하셨다는 말도 되나요?"

『그것은 아닙니다. 대한민국의 대통령이 되는 이상적인 사주라는 판단과 훌륭하게 대통령직을 수행한다는 판단은 다르다는 것을 분명히 밝힙니다.』

"그 이유는 무엇인가요? 이상적인 분이 대통령이 되었으면 가장 이상적인 책무 수행이 있어야 하는 것 아닌가요?"

『사주학을 근거로 대답한다면 이상적인 사주라고 하여도 책무에 성공하려면 가장 이상적인 대운과 연운의 흐름이 반드시 따라야 하기 때문입니다.』

"일찍이 말씀하셨던 내용이 생각나네요. 재임 기간 중의 운이 매우 중요하다는 내용 말입니다."

『그렇습니다. 대통령 당선 운과 재임 기간 중의 운은 전혀 다른 판단입니다.』

"그렇다면 비록 당선 운은 그렇게 좋지 않아 겨우 당선되어도 재임 기간 중의 운이 매우 좋다면 만족스러운 결과를 만들고 명예롭게 퇴임할 수 있다는 말도 되나요?"

『당연합니다.』

"그러면 당선도 겨우 되고, 재임 기간 중의 운도 나쁘다면 결국 명예로운 퇴임은 어렵다는 말도 되겠네요?"

『그렇습니다. 그래서 재임 기간 중의 운이 대통령 사주의 필요충분조건이 된 것입니다.』

"그러면 대권 주자 다섯 분 중에 2022년부터 임기가 끝나는 2027년 초까지 가장 운이 좋은 분은 누구신가요?"

『2022년부터 2027년 초까지의 연운과 각자의 대운으로 판단할 때 다음과 같이 표를 만들 수 있을 것입니다.』

대권 주자 다섯 명의 2022년부터 2026년까지의 운 비교표

|  | 윤석열 | 이재명 | 안철수 | 이낙연 | 정세균 |
|---|---|---|---|---|---|
| 22/壬寅 | 8 : 92 | 33 : 67 | 10 : 90 | 97 : 3 | 26 : 74 |
| 23/癸卯 | 8 : 92 | 33 : 67 | 10 : 90 | 97 : 3 | 26 : 74 |
| 24/甲辰 | 75 : 25 | 77 : 23 | 77 : 23 | 67 : 23 | 69 : 31 |
| 25/乙巳 | 75 : 25 | 10 : 90 | 77 : 23 | 100 : 0 | 3 : 97 |
| 26/丙午 | 97 : 3 | 10 : 90 | 100 : 0 | 100 : 0 | 3 : 97 |
| 대운 1 | 癸巳 3 | 辛酉 1 | 丁未 1 | 甲午 5 | 癸巳 5 |
| 대운 2 | 甲午 3 | 庚申 4 | 戊申 4 |  |  |

\* 앞의 숫자는 좋은 운 비율, 뒤의 숫자는 나쁜 운 비율

"표에 보면 이 전 총리를 제외한 네 분의 운은 그다지 좋은 편이 아닌 것처럼 보이는데 만일 운이 나쁜 분이 대통령이 되면 대통령의 책무를 다하

는 데 어려움이 있다는 말인가요?"

『운이 좋을 때보다 좋을 수는 없을 것입니다.』

"그러면 대통령 운이 좋지 않을 때 해결 방법은 없나요?"

『사람을 잘 쓰면 됩니다. 대통령이 국가를 경영하지만, 대통령이 모든 국정을 다 하는 것은 아닙니다. 따라서 적재적소에 최적의 적임자를 선발하여 국정을 맡기는 것이 가장 좋은 방법입니다.』

"어떤 사람이 적임자인지 어떻게 아나요? 사주라도 살펴야 하나요?"

『하하하. 국정을 운영하면서 사주까지 살펴서야 하겠습니까?』

"그러면 어떻게 하나요?"

『방법은 있습니다. 그러나 지금은 방법까지 모두 설명하는 자리가 아니므로 생략하겠습니다.』

◇ 차기 대통령 당선 가능성

『2022년은 壬寅년입니다. 그리고 대운은 각자의 대운에 따르므로 제각각 대운은 다릅니다. 따라서 각자의 대운과 연운으로만 판단하면 이낙연 전 총리가 가장 운이 좋습니다.』

"그러면 이 전 총리가 대통령에 당선된다는 말씀인가요?"

『사주는 그렇게 단순하게 판단할 수 없는 학문입니다.』

"운이 가장 좋으면 당연히 당선되는 것 아닌가요?"

『원칙은 그렇습니다만 경선부터 통과해야 하니 현재로서는 장담할 수 있는 것은 아니라고 생각합니다. 더구나 이 전 총리의 용신은 가용신이고요.』

"그러면 어느 분이 가장 당선 확률이 높으신가요?"

『제가 사주 분석에 참고한 다섯 분의 생년월일이 맞다고 가정하는 조건으로 이재명 경기도 지사가 현재로서는 가장 당선 확률이 높습니다. 그러나 이 역시 다른 역대 대통령과 비교하였을 때 당선 확률이 상당히 저조하므로 안심할 수는 없을 것입니다.』

"이 전 총리는 이미 설명하셨으니 제외하고 나머지 세 분, 즉 안철수 대표, 정세균 전 총리, 윤석열 전 검찰총장은 왜 안 된다는 것이죠?"

『윤 전 총장은 가능성이 전혀 없는 것은 아닙니다. 그러나 그 가능성이 이 경기도 지사의 가능성과 비교하여 떨어집니다. 이 지사와 비교할 때 가장 큰 차이가 나는 점은 관운이 이 지사와 비교하여 약한데, 이 지사는 관운이 용신으로 24.3%의 힘이 있지만, 윤 전 총장은 관운이 희신으로 2순위이며 그 힘도 8.1%에 불과합니다. 더구나 대운과 연운의 운도 이 지사의 운이 윤 전 총장의 운보다 좋습니다. 그뿐만 아니라, 이 지사의 대운과 연운은 가용신의 핸디캡을 절묘하게 피하였습니다.』

"그러면 안 대표와 정 전 총리는 왜 어려운가요?"

『안 대표의 경우는 대운은 나쁘지 않은데 연운이 나쁩니다. 더구나 관운을 뜻하는 관성이 안 대표의 경우 구신仇神입니다. 따라서 관직과는 인연이 약하다고 할 수 있습니다. 더구나 이미 앞의 역대 대통령의 사주 분석에서도 나왔듯이 관운이 악운인 분이 대통령이 되면 결국 본인도 국가도 불행해지므로 현명한 판단이 필요하다고 생각합니다.』

"그러면 안 대표의 경우 앞으로도 대권 등 관직에 도전하는 것은 현실적이지 않다는 말씀인가요?"

『'예, 아니오'로만 답해야 한다면 '그렇습니다'. 관직과는 인연이 별로 없습니다. 즉 명성과 비교하여 관운과는 인연이 없으므로 다른 사람을 지원하는 형태로 정치인 생활은 성공할 수 있으나 본인이 직접 관직에 나가서 성공하기는 쉽지 않다는 판단입니다.』

"정 전 총리는 어떤가요?"

『2022년은 대운이건 연운이건 별로 좋지 않습니다. 관성이 용신이므로 국회의장에 총리까지 하셨지만, 그것은 어디까지나 관성 용신과 대운, 연운이 잘 만나 얻은 것입니다. 즉 제왕 사주가 아니므로 대운과 연운이 절묘하게 좋아서 관성 관운을 도와야 원하는 것을 얻는데 2022년은 그렇지 않습니다. 더구나 2021년 민주당 경선에서 이 지사에게 이긴다는 보장도 없습니다.』

"결국, 지금까지의 설명으로 판단한다면 이 경기도 지사가 가장 차기 대통령 당선 가능성이 가장 크다고 할 수 있네요?"

『이 다섯 분의 사주만으로 판단하면 그렇습니다. 그러나 역대 다른 대통령에 비교하여 당선 확률이 낮으므로 안심하기에는 이르다고 생각합니다. 또 아직 시간이 있으므로 어떤 분이 언제 나타날지 아무도 모르는 일이므로 그렇게 단정하는 것은 시기상조라고 할 수 있을 것입니다.』

"윤 전 총장은 현재 당적과 조직이 없는 상태입니다. 따라서 언론에서는 윤 전 총장이 독자적인 길을 갈 것이라는 설, 국민의 힘에 합류한다는 설 등 다양한 소문이 무성한데 사주학적으로 윤 전 총장에게는 어떤 길이 좋을까요?"

『윤 전 총장이 독자적인 길을 가기에는 힘이 약합니다. 따라서 누군가와 협력 체제로 가야 승산이 있습니다.』

"그러면 누가 가장 적합할까요?"

『안 대표라고 생각합니다.』

"한 가지 질문 드립니다. 저도 사주학을 제법 공부하였고 지금도 공부하고 있습니다. 그런데 사주학 이론에 진가론眞假論과 선생님께서 말씀하신 가용신, 진용신의 의미는 어떻게 다른가요?"

『뿌리는 같습니다. 다만 그 가르침의 운용이 다를 뿐입니다.』

"그럼 역대 대통령의 용신과 대권 주자 다섯 분의 용신을 비교할 수 있나요?"

『물론입니다. 다음 표를 보시기 바랍니다.』

|  | 전직 대통령 | 대권 주자 5인 |
| --- | --- | --- |
| 土용신 | 노태우, 노무현, 김영삼, 이명박 | 윤석열, 안철수 |
| 金용신 | 전두환 | 이재명, 정세균 |
| 木용신 | 박근혜, 김대중 | 이낙연 |
| 水용신 | 이승만 |  |
| 火용신 | 박정희 |  |

"역시 전직 대통령 중에 土 용신이 가장 많군요."

『그렇습니다. 여하튼 44% 이상이 土 용신이니까요.』

◇ 평화적 남북통일을 위한 디딤돌 구축 가능성

"이재명 경기도 지사가 차기 대통령으로 당선된다는 가정 아래 평화적 남북통일을 위한 교두보나 디딤돌을 구축할 가능성은 어떤가요? 앞에서 2022년과 2023년에 북한에 적지 않은 변화가 있을 것이라고 말씀도 하셨고 통일에 관한 예견도 있으셔서 이 부분이 많이 궁금하네요."

『이 지사는 북한과 원만한 관계를 위해 노력할 것으로 보입니다. 그리고 일정 부분 성과도 만들 것으로 생각합니다.』

"그러면 2022년과 2023년에 만일 진짜로 북한에 변화가 발생할 때 이 지사께서 원만하게 대응할 수 있을 것으로 판단하시나요?"

『이 지사는 북한과 인연이 있습니다. 다만 그 인연이 合의 인연이 아니라 生의 인연인데, 그 生의 인연도 자칫 틀어질 생의 인연입니다. 따라서 북한과 대화를 하고 진전된 남북 관계를 만들기 위해서는 이 지사가 반드시 해야 할 일이 있습니다.』

"설명이 아주 묘하다는 생각이 듭니다. 틀어질 生의 인연은 무슨 의미인가요?"

『우리 측과 북한이 정치적으로 주고받는 것에 고도의 전략과 실천이 따라야 한다는 것입니다.』

"구체적으로 설명하여 주시면 안 되나요?"

『현 정부도 연관된 일이므로 자제하겠습니다.』

"현 정부도 연관된 일이라는 의미는 또 무엇인가요?"

『현 정부 초기에는 북한과 좋은 관계가 마련되는 듯싶었지만, 현재는 어떤가를 생각해 보면 이해가 될 것입니다.』

"그러면 현 정부도 북한과 생의 관계지만 틀어질 생의 관계라는 의미인가요?"

『그렇습니다. 말씀드린 것처럼 고도의 전략과 실천이 없는 한 틀어질 생의 관계입니다.』

"그러면 지금이라도 틀어질 생의 관계가 틀어지지 않을 생의 관계로 만드는 방법은 없나요?"

『있습니다.』

"말씀해주시면 안 되나요?"

『정부가 할 일이고 대통령이 할 일입니다.』

"그러나 정부도 대통령도 모를 수 있으니 말할 수 있지 않나요?"

『글쎄요? 이 이슈는 여기까지만 하면 좋겠습니다.』

"그럼 내년과 내후년에 북한에서 변화가 일어날 것이라고 하였는데 그때 이 지사는 원만하게 대처할 것으로 보이시나요?"

『이 지사의 일간과 용신의 힘이 약하지 않고, 용신이 金 관성이기에 기본적으로 대한민국이라는 국가를 통제하고 제어하는 힘을 가지고 있습니다. 따라서 위기관리 능력이나, 어려움을 타개하는 능력이 있다고 판단됩니다. 다만 앞에서도 말한 것처럼 북한의 변화에 대응하려면 틀어질 가능성이 있는 生의 인연을 어떻게 틀어지지 않게 할 것인지 그 능력을 보여야 할 것입니다.』

"사주에 己 土가 없어서 그런가요?"

『己 土의 의미와 지금의 이슈와는 별개입니다.』

"만일 대권 주자 다섯 분 중에 남북통일을 위한 디딤돌을 어느 분이 가장 잘 만들 수 있다고 보시나요?"

『윤 전 총장, 안 대표 등이 우선이고, 이 지사와 정 전 총리가 다음이라고 생각합니다.』

"그렇게 판단하는 근거가 있습니까?"

『물론입니다. 그냥 제 개인적인 생각을 생각나는 대로 말하는 것이 절대 아닙니다, 사주학에 근거하여 정밀하게 분석한 후 답해드리는 것입니다.』

"그러면 윤 전 총장, 안 대표, 두 분 중에는 어느 분이 더 잘 하실 것으로 생각하시나요?"

『윤 전 총장입니다. 그러나 그 차이는 크게 나지 않습니다.』

"수치로 설명하실 수 있나요?"

『약 56 : 44로 윤 전 총장이 안 대표보다 조금 더 우위에 있다고 할 수 있습니다. 그러나 역시 고도의 전략과 치밀한 계획 없이는 아무 것도 얻을 수 없을 것입니다.』

"자꾸 고도의 전략과 치밀한 계획을 말씀하시는데 그만한 이유가 있으신가요?"

『한마디로 답한다면 대권 주자 다섯 분이 제왕 사주가 아니기 때문입니다. 남북통일을 위한 디딤돌이나 교두보를 만든다는 것은 단순히 남북의 대화만으로 되는 일은 아니라고 생각합니다. 시작은 대화지만 진행과 결실은 대화만으로는 얻을 수 없습니다. 따라서 새로운 아이디어의 창출과 추진, 상대에게 이익을 주면서 우리 측의 이익도 창출하는 그런 절묘한 운용이 병행되어야 합니다.』

"그럼 이 지사께서 그런 일을 하실 수 있는 역량이 있다고 보시나요?"

『사주학적으로 볼 때 그런 역량이 있지만, 앞에서도 말한 것처럼 틀어질 생의 인연을 어떻게 틀어지지 않게 할 것인지 고도의 전략 수립과 치밀한 실천이 선행되어야 한다고 판단합니다.』

"남북통일의 교두보를 마련하려면 중국과의 관계가 매우 중요하다고 생각하는데 이 지사께서 중국과의 관계 개선을 잘 하실 것으로 판단하시나요?"

『이 지사는 중국과 인연이 있는 분입니다. 따라서 뒤로는 중국을 움직이고, 앞으로는 북한과 관계 개선을 도모한다면 좋은 결실을 얻으리라 생각합니다. 다만 중국과 인연이 있지만, 그 인연 역시 언제든지 한 번에 사라질 수 있다는 점을 분명히 말씀드립니다.』

"인연이 있는데 언제든지 사라질 수 있다는 말은 무슨 말인가요?"

『이 지사의 용신 힘이 상대적으로 약하고 거생의 관계이기 때문입니다.』

"그럼, 인연이 사라지지 않게 하려면 이 지사가 무엇을 해야 하나요?"

『서에서 북으로 흐르는 물 한줄기를 남으로 흐르게 하면 됩니다.』

"지금 설명도 무슨 말인지 잘 모르겠지만 여하튼 그렇게 하려면 어떻게 해야 하나요?"

『일본을 오른쪽에 러시아를 왼쪽에 두고 어깨동무하면 됩니다.』

"미국은요?"

『미국을 머리에 이어야 하는데 쉽지 않을 것입니다.』

"방법이 전혀 없나요?"

『사람의 일인데 왜 방법이 없겠습니까?』

"방법이 무엇인데요?"

『숨은 친구를 잘 찾는 술래가 되면 됩니다.』

◇ 원만한 국제 외교 가능성

"우리나라는 지정학적으로 중국, 일본, 러시아와 근접해 있고, 미국과 혈맹의 관계를 맺고 있어 우리의 안보와 외교에 이 4개의 국가가 매우 중요한 역할을 하고 있는데 이 지사가 대통령이 되면 이 국가들과 원만한 외교를 펼칠 수 있을까요?"

『일단 중국, 북한과의 관계 전망은 앞에서 이미 설명하였다고 생각합니다.』

"그럼 미국과는 어떻게 될 것 같은가요?"

『이 지사가 대통령이 되면 미국과는 쉽지 않으리라 생각합니다.』

"어렵다는 말인가요? 그래서 숨은 친구를 잘 찾는 술래가 되라고 하신 건가요?"

『미국은 한국을 버거워 할 것입니다.』

"그럼 현 정부는 어떤가요?"

『현 정부도 크게 다르지 않다고 생각합니다.』

"해법이 없나요?"

『세상 모든 일은 사람의 일인데 왜 해법이 없겠습니까? 다만 찾지 못하고 있고, 진심으로 찾으려고 노력하지 않으니까 해법을 못 찾는 것이지요.』

"그럼 러시아와는 어떤가요?"

『이 지사는 러시아와 좋은 인연이 있습니다. 따라서 러시아와는 원만하게 진행될 것으로 보입니다. 그래서 왼쪽으로 어깨동무하라고 한 것입니다.』

"그럼 북한과의 관계 개선을 위해 러시아와 좋은 관계를 맺는 것은 어떤가요?"

『논리적으로도 현실적으로도 불가능한 방법은 아닙니다. 따라서 러시아와 먼저 끈끈한 외교 관계를 형성하고 북한을 함께하려고 만일 이 지사가 노력한다면 나름대로 좋은 성과를 얻을 수 있을 것입니다.』

"그러나 북한은 아무래도 중국과 밀접한데 성과가 있을까요?"

『사람의 일입니다. 그리고 어쩌면 중국 - 한국 - 북한의 관계 형성보다 더 어렵지 않게 좋은 관계를 만들 수 있을 것입니다.』

"현 정부가 지난 시간 트럼프 대통령과 함께 북한 문제를 풀려고 노력을 많이 했는데 왜 용두사미 격이 되었나요?"

『북한과 트럼프 정부의 미국은 애당초 인연이 없었습니다. 아니, 있는 듯 없었습니다. 그래서 현 정부도 적지 않게 힘들었을 것입니다.』

"그래도 현 정부가 노력을 많이 하지 않았나요?"

『산물로 섭리를 넘으려 한다면 어리석음이지요.』

"아! 산물과 섭리! 그럼 현 정부 내내 일본의 아베 정권과 외교적으로 힘들었는데 이유가 무엇인가요?"

『지피지기 백전백승知彼知己百戰百勝을 실천하지 않았기 때문입니다.』

"참으로 어려운 답변이시네요."

『그러면 쉽게 말하지요, 아베 정부와 현 정부는 상극으로 애당초 인연이 없었습니다.』

"그럼 현 정부가 지금이라도 일본과의 현안을 해결하는 방법은 없나요?"

『사람의 일인데 왜 없겠습니까?』

"무엇인가요? 이 지사의 경우 일본과 오른쪽으로 어깨동무까지 하라고 말씀하셨는데요."

『섭리가 움직이고 있으니 문을 열면 됩니다.』

"윤 전 총장이 대통령이 되면 어떻게 해야 하나요?"

『미국의 힘에 곤란한 형국이 될 수 있으므로 일본과 원만한 관계를 이루면서 러시아에 거생하여 러시아가 미국과의 다리 역할 또는 조력자가 될 수 있게 해야 할 것입니다. 그리고 중국은 한국이 부담될 수 있으므로 그런 현상이 생기지 않게 각별하게 배려해야 하는데 특히 북한에 거생하여 북한과 중국을 한꺼번에 얻는 전략을 실천해야 할 것입니다.』

"그럼 윤 전 총장의 경우 일본과의 관계가 원만해질 수 있나요?"

『문이 활짝 열려있습니다.』

"안 대표는 어떤가요?"

『안 대표는 윤 전 총장과 크게 다르지 않습니다.』

"그럼 정 전 총리는 어떤가요?"

『정 전 총리는 이 지사와 크게 다르지 않습니다.』

"그럼 이 전 총리는 어떤가요?"

『이 전 총리가 대통령이 되면 미국과는 원만한 관계가 될 것이고, 중국과는 거생을 실천하면 원만해질 것이며, 북한과는 힘든 상황이 될 수 있으므로 중국을 움직이는 전략을 실천해야 할 것이며, 일본과는 열릴 문이 닫힐 수 있으니 배려하는 전략을 실천해야 할 것입니다.』

"설명 중에 나온 거생, 내생 등의 용어는 무슨 의미인가요?"

『한마디로 거생은 먼저 주면서 상생을 창출하라는 의미고 내생은 상생이 오고 있다는 의미입니다.』

"그런데 왜 내생이니 거생을 하라고 하는 건가요?"

『섭리이며 경영의 기본 원칙이니까요.』

"현 정부와 남은 임기 동안 앞의 5개 국가와의 외교 전략을 사주학으로 설명하여 주시면 좋겠습니다."

『일단 앞에서 설명한 이 지사의 경우를 참고하라고 권하고 싶습니다. 그리고 추후 별도로 설명하겠습니다.』

"한 가지만 더 질문하겠습니다. 정말 사주학적으로 현 정부는 북한과 트럼프 정부에게 좋은 역할을 할 수 없는 운인가요?"

『이미 말씀드린 대로 북한과 트럼프 행정부는 애당초 어울리는 형국이 아닙니다. 아니 어울릴 것처럼 보이지만 그렇지 않은 형태입니다. 그리고 현 정부는 북한과 미국의 중재 역할을 할 수 없습니다. 이것은 섭리입니다. 그런데 현 정부는 국가와 민족을 위한다는 명분을 가지고 북한 미국의 중재자 역할을 하였습니다. 즉 또 산물로 섭리의 흐름을 바꾸려는 황당한 도전을 한 것입니다.』

"그래서 앞에서 애당초 안 되는 일이라는 말씀을 하신 것이군요."

『그렇습니다.』

"그래서 이 지사가 대통령이 되었을 경우를 참고하라고 하신 것이군요."

『그렇습니다.』

"얼마 전 트럼프는 북한과의 협상이 결렬된 것을 현 정부의 협상 능력 부족이라고 꼬집었던데요?"

『트럼프도 미국 대통령까지 하였지만 한마디로 섭리와 산물을 구분하지 못하기 때문에 그렇습니다. 아니, 섭리가 무엇인지도 모른다는 생각마저 들기도 합니다.』

"그러면 현 정부가 아베 일본 정부와 왜 그토록 힘든 시간을 보냈었나요?"

『섭리를 산물로 접근했기 때문입니다. 조금 더 보충한다면 현 정부와 전 일본 정부와는 사주학적으로 말한다면 한마디로 상극입니다. 따라서 원만한 외교 관계는 애당초 기대하기 어려웠습니다.』

"그러면 미국의 바이든 정부와 일본의 스가 정부와 현 정부는 어떤가요?"

『미국과는 쉽지 않을 것이고, 일본과는 거생去生의 관계를 토대로 풀어나가는 길이 있을 것입니다.』

"내생來生이 아니고 거생去生의 관계가 되어야 일본과 좋아지나요?"

『시작은 내생이지만 푸는 방법은 거생입니다.』

"참 쉽지 않군요. 그런데 현 정부의 임기가 1년도 채 남지 않았는데 늦지 않았나요?"

『국가와 국민을 위한 일에 늦고 빠름이 있을 수 없겠지요.』

"한 가지만 더 질문하겠습니다. 현 정부 들어서서 일본과 마찰이 계속되고 있어 양국 간의 관계가 매우 소원한 상태라고 생각하는데 이재명 지사가 대통령이 되면 이런 관계가 풀리지 않을까요?"

『이미 답을 드렸는데 또 물으시니 다른 각도로 답하겠습니다. 이 지사와 일본의 현 정부는 내생의 관계입니다. 따라서 풀어가는 방법은 앞에서 설명한 것과 같은 방법인 거생의 방법으로 풀어가면 좋은 결과를 얻을 것입니다.』

"거생의 방법이 구체적으로 어떤 것인지는 잘 모르겠지만 만일 일본에 무언가를 먼저 양보하는 것이라면 국민적 저항이 만만하지 않으리라 생각하는데요?"

『대통령의 일간과 용신이 강해야 하는 이유를 또 말해야겠군요. 그리고 일본과 본의건 아니건 마찰이 끊이지 않는 것은 다 이유가 있습니다. 겉으로 보기에는 위안부, 독도 등 지금까지 반복되고 있는 역사적 문제라고 단순하게 생각하지만, 근본적 핵심은 따로 있다고 생각합니다.』

"근본적 핵심이라니요?"

『과거에 묶여 거생을 하지 못했기 때문입니다.』

"그러면 대권 주자 다섯 분 중에는 어느 분이 일본과의 현안을 해결하는 데 가장 적임자라고 생각하시나요?"

『사주학적으로만 판단한다면 안 대표와 윤 전 총장이라고 생각합니다. 부언하겠습니다. 가정 경영과 기업 경영은 시장에서 돈이라는 산물을 놓고 거래라는 수단을 통한 승부지만, 국가 경영은 보이는 것 같지만 보이지 않는 역사와의 승부입니다. 과거 역사, 현재 만들고 있는 역사, 미래의 역사를 위한 승부가 바로 국가 경영이라는 말입니다. 따라서 용어는 똑같은 '경영'이지만 접근하고, 운용하는 전략과 방법은 근본적으로 다릅니다.』

"보이는 것 같지만 보이지 않는 역사와의 승부라는 말이 정말 와닿는 것 같습니다."

『당장 우리의 현실을 냉정히 다시 한 번 돌아보시기 바랍니다. 실례로 일제 식민지라는 역사, 그리고 파생된 위안부라는 역사 때문에 대한민국과 일본은 외교, 기업 경제, 시장 경제는 물론 국민감정과 의식조차 일대 혼란과 대립, 변화를 심각하게 겪고 있습니다. 독도 문제 또한 정말 독도의 영유권 문제라고 생각하시나요?』

"그럼 위안부 문제도 독도 문제도 문제의 본질은 따로 있다는 말인가요?"

『본질이 따로 있는 것이 아니라 본질을 모르고 있다는 것입니다. 따라서 문제가 발생했을 때 그 본질을 제대로 모른다면 문제를 근본적으로 해결할 수 없습니다. 그리고 다시 한 번 말하지만 모든 일은 사람의 일입니다. 따라서 사람을 얻지 못하면 문제의 해결 방법도 얻지 못할 것이나, 사람을 얻으면 해결하지 못할 문제가 없을 것입니다.』

"이제 앞에서 말씀하신 거래去來의 진정한 의미를 희미하게나마 알 것 같습니다. 그럼 현재 거론되고 있는 대권 주자 다섯 분 중에 일본과의 현안을 가장 원만하게 풀어나갈 분은 누구라고 생각하시나요?"

『일본과의 문제만 본다면 안 대표와 윤 전 총장이 이 지사보다 좋다고 생각합니다.』

"그러면 정 전 총리는 어떤가요?"

『정 전 총리는 이 지사와 같다고 보시면 됩니다.』

"이 전 총리는 어떤가요?"

『일본 측에서 부담스러워 할 것입니다.』

"대권 주자 다섯 분에게 외교는 각각의 장단점이 있는 것 같습니다. 그러면 누가 되든 외교적 어려움을 겪는 국가는 생길 것입니다. 따라서 어느 분이 대통령이 되든 외교적 어려움을 극복하는 사주학적 방법은 무엇인가요?"

『사람이 모든 일에 100% 완벽할 수 없습니다. 따라서 앞에서도 '변화'를 거론하였던 것입니다. 즉 자신의 약점을 장점으로 만들려면 스스로 자신이 변하면 됩니다. 생각의 변화, 행동과 실천의 변화를 스스로 만들고 보이면 됩니다.』

"그러나 사람은 모두 오랫동안 각각이 가진 인식과 습관이 있어 변하기 쉽지 않은데 어떻게 대응해야 하는 모든 것에 알맞게 변화할 수 있나요?"

『가장 완벽하지만 어려운 방법은 대통령 스스로 큰 '깨달음'을 얻는 것이고, 가장 쉬운 방법으로는 대통령 스스로 최고의 연기자가 되는 것입니다.』

"그런데 두 방법 모두 쉽지 않을 것 같은데요? 의미를 이해하기도 어렵고요"

『그러면 적임자를 정말 제대로 선발하여 처리해야 할 국정을 맡기는 데 책임과 권한을 분명히 하여 임명하는 것입니다.』

"말로는 적임자를 선발한다고 하지만 현실적으로 그것이 쉽지 않다고 보이는데요?"

『이 부분은 다음의 '창의적 국정 운영' 편에서 다루도록 하고 지금은 다섯 분의 원만한 외교 가능성에 관한 강의를 하고 있으니 그것과 관련 있는 대화를 나누면 좋겠습니다.』

◇ 국가 및 국정 통제 능력

『대한민국 전직 대통령들께서 안타까운 역사로 기록되는 데에는 국민 각자가 생각하고 판단하기에 따라, 또 정파와 이념의 차이에 따라, 또 각자 살아온 방법의 차이에 따라 여러 이유가 있을 수 있겠지만 사주학적으로 판단할 때는 전적으로 본인에게 그 원인이 있다고 할 수 있습니다.』

"그럼 하야한 분이나, 부하의 총에 돌아가신 분이나, 자결하신 분이나, 교도소에 가신 분이나 모두 그 원인이 본인에게 있다는 말씀인가요?"

『사주학적으로 판단하면 전적으로 그렇습니다.』

"그러면 우리가 알고 그 모든 사실과 현실적 결과는 무엇인가요? 거짓이라는 말인가요?"

『흥분하지 마시고 차분하고 냉정하게 들어주시면 감사하겠습니다. 잘 아시다시피 저는 오늘 개인적 감정이나 생각을 철저히 배제하고 오로지 사주학적 판단만 한다고 하였고 또 그렇게 하고 있다고 생각합니다. 그래서 여러 질문에 사주학적 판단을 근거로 다양한 제 나름대로 방법을 동원하여 사주학을 모르는 여러분들이 쉽게 이해할 수 있게 노력하고 있습니다.』

"그것은 알고 있지만 그래도 앞의 발언은 조금 비현실적이라는 생각이 들어서 그렇습니다."

『태어난 사람은 누구나 모두 죽습니다. 왕후장상, 노예, 천민 할 것 없이 때가 되면 모두 죽습니다. 더구나 어제까지 멀쩡하던 사람이 갑자기 암 진단 말기를 선고받고 서너 달 후에 죽기도 하고, 아침밥 잘 먹고 출근하던 사람이 신호 위반을 한 차량에 치여 갑자기 죽기도 하는 등 죽는 원인과 형태도 제각각 다르게 우리는 죽습니다. 그리고 우리는 말합니다. 그 사람이 갑자기 암으로 죽었고, 그 사람은 갑자기 교통사고로 죽었다고 합니다. 이 뿐만이 아니라, 우리 모두 잘 아는, 부족할 것 없을 것 같은 가수나 배우 등 유명한 분이 갑자기 자결하는 안타까운 일도 심심찮게 발생합니다. 그러면 그분들 한 분 한 분의 자살 이유를 살아 있는 우리가 그분의 과거 행적을 바탕으로 분석하여 자결한 원인을 발표하고 받아들이며 그분의 죽음을 종결합니다. 결과는 같습니다. '죽음'입니다. 다만 다른 것이 있다면 사람이 정한 사망 원인과 시기가 다릅니다. 그런데 사람이 정한 사망 원인은 우리 인간의 산물産物입니다. 그러나 죽음은 누구도 거역할 수 없는 섭리攝理입니다. 무언가 잘못이 보이지 않나요?』

"보입니다!"

『그렇습니다, 보일 것입니다. 아니, 보여야 합니다. 특히 국가 경영을 책임진 대통령은 반드시 이것을 볼 수 있어야 합니다! 그리고 이것만 보아도, 이것만 보여도, 과거와 현재 풀지 못하고 있는 여러 현안을 쉽게 풀 수 있을 것입니다.』

"그런데 지금 말씀하신 내용과 대통령의 국가 및 국정 통제 능력과 어떤 연관성이 있나요?"

『대통령이 국가를 통제하는 방법에는 힘으로 통제하는 방법, 즉 권력과 법이라는 도구를 이용하여 누르는 방법과 힘과 권력과 법이라는 도구를 사용하지 않고 통제하는 방법이 있습니다. 여러분들은 어느 방법이 더 좋다고 생각하십니까?』

"당연히 후자가 더 좋은 방법 아닌가요?"

『그렇습니다. 그런데 왜 현실에서는 그렇게 되지 않을까요? 이 숙제를 풀지 못하면 결국 대한민국 대통령의 안타까움은 종결되기 어려울 것입니다.』

"…."

『답하기 어려울 것입니다. 그리고 답하기 어려운 사람은 여러분만이 아닙니다. 제가 보기에는 역대 대통령들도 여러분과 크게 다르지 않았다고 생각합니다. 그래서 우리의 대통령 역사는 안타까움의 늪에서 벗어나지 못하고 있는 것이고요.』

"그러면 사주학에서 통제의 의미는 무엇인가요? 그것부터 아는 것이 순서라는 생각이 듭니다."

『질문 잘 하셨습니다. 사주학 가르침으로 통제의 첫 번째는 '극剋의 통제'고 다음으로는 '합合의 통제'며, 마지막으로는 '生의 통제'입니다. 어느 쪽 통제가 가장 좋을까요?』

"그런데 '생의 통제'라는 말은 이해하기 어려운데요?"

『앞의 국제 외교 강론에서 이미 나온 설명입니다.』

"'합의 통제'라는 의미도 잘 모르겠는데요?"

『그럴 것입니다. 그러나 질문하신 분만 모르는 것이 아닙니다. 안타깝지만 제가 보기에는 역대 대통령들도, 현재도, 더 나아가 대한민국 건국 이후 지금까지 80년 동안 정치를 했고, 현재도 정치하고 있는 분 중 상당수는 모르고 있다고 생각합니다. 그리고 지금도 자칭 타칭 정치 지도자라는 분들, 정치 9단이라는 분들, 사회적 리더라는 분들 역시 이 의미를 모르고 있다고 생각하니까요.』

"대권 주자 다섯 분은 어떻다고 생각하십니까?"

『사주학적으로 보았을 때 역대 대통령과 크게 다름없다고 생각합니다.』

"그러면 누가 대통령이 되든 안타까운 대통령 역사는 끝나지 않을 것이라는 말씀인가요?"

『그분들의 사주 전부를 세세히 살피지 않았으므로 단정할 수는 없지만 그렇게 될 가능성이 얼마든지 있다고 생각합니다.』

"누가 대통령이 되든 '합의 통제'와 '생의 통제'를 터득해야 하겠군요."

『그렇습니다. 그리고 '합'과 '생'의 통제를 터득하면 남북 대화도, 남북 관계도 좋아질 것이고, 일본과의 현안들도 해결될 것이며, 더 나아가 남북통일의 초석도 마련하여 결국 민족의 염원인 남북통일을 이룰 것입니다.』

"그러면 일단 사주학적으로 '합'과 '생'의 통제가 가능한 분이 대통령이 되어야 하겠네요?"

『논리적으로는 그렇습니다. 그러나 사주학적으로 '합'이나 '생'의 통제 가능성이 없어도 본인 스스로 '합'과 '생'의 통제의 진실과 진리를 얻어 일대 변화를 실천하면 얼마든지 가능할 것입니다.』

"그러면 일단 사주학적으로 '합'과 '생'의 통제 능력을 조금이라도 가지고 있는 대권 주자는 누구인가요?"

『사주학적 판단만으로 답한다면 안 대표입니다.』

"당선 가능성은 이 지사가 그런대로 높은데 '합'과 '생'의 통제 가능성은 안 대표라고 하니…. 참으로 뭐라 할 말이 없네요."

『변하면 됩니다. 그냥 말로만 변하는 것이 아니라 실제로 놀라울 정도로 변하면 됩니다. 우리의 역사와 대한민국이라는 국가와 5000만이 넘는 국민과 수십억에 이르는 후손들을 위해 변하면 됩니다. 다른 사람에게 혁신을 말할 것이 아니라, 본인 스스로 혁신을 먼저 하면 됩니다.』

"본인 스스로 혁신! 참으로 의미심장한 말이라고 생각합니다. 내로남불이라는 수치스러운 용어와 함께 말입니다."

『그렇습니다. 정작 본인은 아무것도 바꾸지 않고 변하지 않으면서 다른 사람, 상대방, 국민만 변하라고 하고, 혁신하라고 하는 그런 논리는 누가 언제 만든 것인가요? 그것이 진보고, 그것이 보수인가요? 산물產物로 섭리攝理를 예단하려는 그런 오만함은 어디서 배운 것인가요? 아무리 정치의 첫 번째 수단이 말이라고 하지만 그렇다고 언제까지 말잔치만 화려하게 할 것인가요?』

"선생님께서 정치인들에게 던지신 조언 중 설두타지舌頭墮地라는 가르침이 새삼 무겁게 다가오는 것 같습니다."

『대통령을 비롯한 정치인들도 무겁게 받아들이면 좋겠군요. 그러면 해결 안 될 일 없을 테고 갈등도 많이 줄어들 텐데 말입니다.』

"그러면 헀의 방법으로 국가를 통제하는 형태는 어떤 것인가요?"

『우리는 이미 1948년 대한민국이 출발한 이후 오늘날까지 헀의 방법으로 국가를 통제하는 것은 수도 없이 경험하였고, 지금도 경험하고 있습니다. 따라서 정말 변해야 하고, 정말 개혁해야 하는 사람은 바로 헀의 방법밖에 쓸 줄 모르는 바로 그 사람들일 것입니다.』

"그러면 사주 상으로 헀의 방법밖에 쓸 줄 모르는 사람을 판단할 수 있나요?"

『당연합니다.』

"그러면 이번 대권 주자 중에 누구인지 말씀하실 수 있나요?"

『제가 말하기 전에 적어도 대권 주자라면 본인이 더 잘 알 것으로 생각합니다.』

◇ 국내 경제 도약 가능성

"이 지사가 대통령직을 수행할 때 국내 경제 운영 전망은 어떤지 사주로 알 수 있나요?"

『물론입니다. 이 지사께서는 새로운 아이디어나 방안 창출을 잘하고 추진하는 힘이 있는 사주입니다. 또한, 올바른 방법으로 돈을 관리하는 능력이 있으므로 국가 경제를 이끌어도 이러한 전략으로 경제 정책을 추진할 것으로 생각합니다. 따라서 새롭고 다양한 경제 정책을 창출하여 힘 있게 추진할 것으로 판단합니다. 그리고 추진하는 경제 정책에 좋은 결과가 있으리라 예상됩니다. 다만 부동산 정책은 매우 신중하게 해야 할 것으로 생각합니다.』

"현재 현안 중 가장 중요한 것이 부동산 문제인데 신중하게 해야 한다는 의미는 무엇인가요?"

『부동산 정책의 책임자를 정말 잘 선발하고 임명하여 부동산 시장을 안정시키는 국정의 권한을 위임할 수 있어야 할 것입니다. 그렇지 않으면 부동산 정책에 눌려 헤어나기 어려울 것입니다.』

"그럼 현 정부가 부동산 때문에 국민으로부터 심하게 외면당하는 이유가 무엇이라고 생각하시나요?"

『사주학적으로 판단할 때 부동산 관련된 여러 국가 기관의 책임자를 잘못 임명하였기 때문이라고 생각합니다. 왜냐하면, 문 대통령은 부동산 정책에서 실패할 이유가 없는 분입니다. 그런데 부동산 정책 때문에 많은 고통을 겪고 있습니다.』

"그러면 이 지사가 대통령이 되어도 같은 현상이 생길 가능성이 있나요?"

『그래서 부동산 관련된 여러 국가 기관의 책임자를 잘 임명하고 그들이 추진하는 부동산 정책 진행 과정을 철저히 살피고 관리해야 할 것입니다.』

"다른 대권 도전자 중에 새로운 것을 창출하는 능력이 있는 분이 또 누가 있나요?"

『윤석열 전 검찰총장과 안철수 대표가 이 지사처럼 새로운 것을 창출하고 도전하는 힘이 있다고 보입니다. 특히 안 대표는 학자적 자질에 새로운 아이디어 창출 능력이 함께하고 있습니다.』

"그러면 두 분 전직 총리는 어떤가요?"

『일단 두 분 총리 모두 질서정연한 분으로 보입니다.』

"질서정연하다는 의미는 무엇인가요?"

『무리하지 않고, 원칙과 순리를 존중하는 특성이라고 할 수 있는데, 특히 이 전 총리가 정 전 총리보다 조금 더 이런 특성이 강하다고 할 수 있습니다.』

"그러면 국가 경제 추진과 관리 능력은 어떻게 판단하시나요?"

『추진력 면에서는 정 총리께서 힘이 있다고 보입니다. 그러나 국가 경제 정책을 추진하여 성공적으로 마무리하는 것은 이 전 총리가 조금 더 앞선다고 할 수 있겠습니다.』

"그러면 국가 경제를 흥하게 한다는 면에서는 다섯 분 중에 어느 분이 가장 적합한가요?"

『우리 대한민국 지도자의 위치에 계신 훌륭하신 다섯 분을 자꾸 비교하게 만드는 것 같습니다.』

"그렇게 생각하실 수 있겠지만, 그분들 중 한 분이 우리 대한민국을 5년간 책임지는 막중한 자리에 오를 수 있기에 냉정한 판단을 위한 질문이라고 생각하시면 좋겠습니다."

『알겠습니다. 그러면 저는 단지 사주학적으로만 판단한 결과를 말씀드리겠습니다. 안 대표가 국가 경제면에서는 가장 좋다고 생각하고, 다음으로 정 전 총리, 이 지사 순이라고 생각합니다.』

"현재 부동산 문제가 우리 국가와 사회 전반에 걸쳐 가장 큰 쟁점이 되고 있는데 이 부동산 정책을 사주학적으로 가장 원만하게 운용 관리할 분은 누구라고 생각하시나요?"

『안 대표라고 생각합니다.』

## ◇ 국민 통합 가능성

"현재 우리 대한민국은 좌우 이념 갈등은 물론이고, 정치적으로는 여당과 야당, 보수와 진보로 나뉘어 서로 자신들이 옳다고 목청을 높이고 있으며, 경제 활동에서는 경영자와 노조가 화합보다는 대립을 우선시하고 있습니다. 더 나아가 아름다운 우리의 전통인 효孝 문화와 노인 공경 문화가 무너지고 있고, 더구나 빈부의 갈등이 극심해지고, 공정이 무너지며 내로남불이라는 독특한 합성어가 미국 언론에 그대로 노출되는 수모까지 당하는 등 다양한 형태의 분열과 괴리가 넘쳐납니다. 수십 년간 지속되고 있는 지역 갈등도 아직 치유되지 못하고 있습니다. 그뿐만 아니라, 아직 남북이 갈라진 유일한 분단국가라는 안타까움도 해결하지 못하고 있습니다. 따라서 차기 대통령은 부디 말 그대로 국민 통합을 이루고 통일의 초석을 쌓아야 한다는 의미로 질문 드립니다."

『이거 벌써 긴장되네요.』

"이렇게 갈라진 사회, 갈등의 사회, 분열과 괴리의 사회, 불공정과 내로남불이 판치는 사회, 더구나 무력감에 허덕이는 청장년층에 새로운 용기를 줄 수 있는 지도자는 과연 누구인가요?"

『국민 대통합, 남북통일, 좌우 이념의 퇴출, 내로남불의 매장, 불공정의 퇴치, 그리고 청장년층을 비롯하여 우리의 후손들에게 희망을 줄 수 있는 지도자, 그것이 바로 우리 모두 바라는 대통령일 것입니다.』

"맞습니다. 그러니 이런 국민 대통합을 이룰 수 있는 분이 있나요?"

『현재 다섯 분 중에서는 안 대표를 말씀드릴 수 있습니다.』

"그러면 역대 대통령과 이 다섯 분이 가지신 국민 통합의 힘을 비교하여 주실 수 있나요?"

『모두 원하시는 것 같으니 그렇게 하겠습니다. 다음 표를 보시기 바랍니다.』

| 이승만 | 박정희 | 전두환 | 노태우 | 김영삼 |
|---|---|---|---|---|
| 6.3 | 4.4 | 15.6 | 15 | 28.8 |
| 김대중 | 노무현 | 박근혜 | 이명박 | 문재인 |
| 11.3 | 4.4 | 22.5 | 11.3 | 11.3 |
| 윤석열 | 이재명 | 안철수 | 이낙연 | 정세균 |
| 0 | 0 | 11.3 | 11.3/0 | 0 |

"이 전 총리의 수치는 11.3/0으로 표시하였는데 의미가 무엇인가요?"

『국민 통합을 이룰 힘이 있긴 있는데 그 힘을 제대로 쓰지 못한다는 의미입니다.』

"그러면 수치가 크면 국민 통합을 이루는 힘이 강하다는 의미인가요?"

『일단 그렇습니다. 그렇지만 수치가 높다고 국민 통합에 성공한다는 의미는 아닙니다.』

"왜 그런가요?"

『어떤 일, 특히 국가의 일은 비록 대통령이라고 하여도 어느 한 개인이 완성할 수 있는 것이 아닙니다.』

"듣고 보니 생각나는 일이 참으로 많이 있네요."

『그렇습니다. 국민 통합을 한다고 하면서 국민 분열을 조장하는 일도 얼마든지 있을 수 있으며, 특히 국민 통합을 한다고 하면서 네 편 내 편을 극렬하게 가르거나, 프레임을 만들어 씌운다면 그것은 국민 통합이 아닐 것입니다. 따라서 국민 통합을 하려면 강력한 리더십이 필요하고 강력한 리더십을 가지려면 일간과 용신이 강해야 하는 등 반드시 사주학적으로 필요충분 조건을 갖추어야 합니다. 그렇지 않으면 아무리 수치가 높아도 국민 대통합은 물론, 남북통일의 길은 요원할 것입니다.』

"그러면 우리 사회에 만연한 편 가르기를 어떻게 해소할 수 있나요?"

『강력한 지도자가 필요합니다.』

"그러면 결국 용신과 일간이 강한 지도자가 나와야 하겠군요."

『그렇습니다.』

"그러면 대권 주자 다섯 분 중 어느 분이 가장 강력한 리더십을 가졌다고 할 수 있나요?"

『다음 표를 보시기 바랍니다.』

일간 비교표

| 이승만 | 박정희 | 전두환 | 노태우 | 김영삼 |
| --- | --- | --- | --- | --- |
| 6.3 | 28.8 | 41.5 | 27.5 | 57.5 |
| 김대중 | 노무현 | 박근혜 | 이명박 | 문재인 |
| 8.1 | 39.5 | 33.2 | 32.4 | 15.5 |
| 윤석열 | 이재명 | 안철수 | 이낙연 | 정세균 |
| 18.1 | 31.3 | 28.1 | 6.3 | 28.1 |

용신 비교표

| 이승만 | 박정희 | 전두환 | 노태우 | 김영삼 |
|---|---|---|---|---|
| 41.2 | 20.6 | 41.5 | 27.5 | 57.5 |
| 김대중 | 노무현 | 박근혜 | 이명박 | 문재인 |
| 28.1 | 39.5 | 28.6 | 14.4 | 7.5 |
| 윤석열 | 이재명 | 안철수 | 이낙연 | 정세균 |
| 28.8 | 24.4 | 23.1 | 24.3 | 11.9 |

"위 두 표를 보니 또 생각나는 것이 많이 있는 것 같습니다."

『그럴 것입니다. 물론 이 두 개의 표에 나타난 수치 역시 수치가 높다고 꼭 리더십이 뛰어난 것은 아닙니다. 그러나 이 여러 수치를 통해서 우리는 대한민국 대통령의 기본 역량의 표준을 가늠할 수 있을 것으로 생각합니다.』

"그러면 수치가 낮은 경우 추진하는 국가 정책을 성공적으로 완수하기 위해서는 어떻게 해야 하나요?"

『그것은 대통령 각자에 따라 다릅니다. 아무리 제왕 사주의 대통령이라고 하더라도 약점은 있습니다. 따라서 그 약점을 보완하면 국가 경영에 많은 도움이 될 것입니다.』

"세간에서 통상적으로 하는 방법인 부적을 사용하나요?"

『부적이요? 하하하, 말이 나왔으니 한마디 하겠습니다. 이 시간 이후로 부적은 절대 사용하지 마시기 바랍니다. 부적으로 나쁜 운을 좋은 운으로 바꿀 수는 없습니다. 단 1%도 바꾸지 못합니다.』

"그러면 어떻게 하나요?"

『사주학은 학문입니다. 근거가 있는 학문으로 과학과 다름없습니다. 따라서 해결 방법도 학문적 근거에 따라 해야 합니다.』

"조금 더 구체적으로 답해주시면 안 되나요?"

『세상일은 그 어떤 것이건 사람이 하는 것이고, 대한민국의 대통령은 5000만 명의 국민 중에서 필요한 사람을 뽑아 추진하는 일의 책임자로 임명할 수 있는 권한을 가진 사람입니다. 따라서 각 행정부서는 물론, 공기업, 또 새롭게 추진하는 국가 정책 사업 등 모든 일의 책임자와 종사자를 제대로만 선발하여 임명하고 그 일을 완수할 수 있게 권한과 의무를 주고 잘 관리하면 됩니다.』

"그러나 현실적으로 쉽지 않다고 보는데요? 5000만 명의 국민 중에 어느 사람이 적임자인지 어떻게 알 수 있나요?"

『얼마든지 있습니다. 현실이라는 이유, 본인이 대통령이 되는 데 일조했다는 이유, 같은 당 소속이라는 이유, 어느 대학의 이름 있는 교수라는 이유, 다선 국회의원이라는 이유, 오랜 정치 경험이 있다는 이유 등등 정말 이유 같지 않은 이유를 가당치 않은 명분으로 내세워 장관으로, 총장으로, 원장으로, 청와대 비서로, 공공 기관장으로 임명하니 보이지 않고 적합하지 않은 사공이 가득하므로 배가 산으로 갈 수밖에 없는 것입니다.』

"인사 청문회가 있어 나름대로 자격과 능력을 검증하고 있다고 생각하는데요?"

『그 정도로 5000만 국민 중에 유능한 적임자를 선발할 수 있다고 생각하시나요?』

"그럼 어떻게 해야 하나요?"

『사주학은 균형과 조화를 근간으로 하지만 통제력과 창안, 창출도 매우 중요하게 여깁니다.』

"무슨 말씀이신가요?"

『방법이 없는 것이 아니라 방법을 찾지도 못하고, 찾으려고 노력하지도 않고, 방법을 만들려고 하지도 않는다는 뜻입니다.』

"나름대로 현 정부나 역대 정부가 그렇게 했고, 하고 있다고 생각하는데요?"

『국가는 가정, 또는 일개 기관이나 기업과는 근본적으로 다릅니다. 따라서 한 경계를 넘어설 정도의 능력이 없다면 차라리 대통령도, 장관도, 국회의원도 애당초 하려고 생각조차도 하지 않는 것이 개인적으로는 현명한 판단이고, 국가와 민족, 역사를 더럽히지 않는 일입니다.』

◇ 창의적 국정 운영 가능성

『앞에서도 설명한 것처럼 국가 경영은 가정이나 기업 경영과는 근본적으로 다릅니다. 따라서 기업 경영의 방법과 전략으로 국가를 경영한다고 생각한다면 근본적으로 경영을 모르는 것입니다.』

"참으로 의미심장한 말씀이라는 생각이 드네요. 그러면 국가 경영은 어떤 분이 해야 하나요?"

『국가 경영은 국가 경영의 방법을 터득하고 얻은 사람이 해야 합니다.』

"그러면 국가 경영을 가르치는 대학이라도 다니라는 말씀인가요? 또 그런 대학이 있긴 있나요?"

『흥분하지 마시기 바랍니다. 터득과 얻음은 배운다고 되는 것이 아닙니다.』

"가르치는 곳도 없고 배울 수도 없는데, 어떻게 얻나요?"

『사주학이 일러줄 것이고, 섭리가 가르쳐 줄 것이며, 그것을 기반으로 본인이 깨달아야 합니다.』

"깨닫고 싶어도 뭔가를 알아야 깨닫는 것 아닌가요?"

『그러면 깨닫기 어려울 것입니다. 가정 경영과 기업 경영은 시장과 돈과의 협력과 거래지만, 국가 경영은 보이는 듯 보이지 않는 역사와의 승부입니다. 과거의 역사, 현재 만들고 있는 역사, 미래의 역사를 위한 승부가 바로 국가 경영이라는 말입니다. 따라서 용어는 똑같은 '경영'이지만 접근하고, 운용하는 전략과 방법은 근본적으로 다릅니다.』

"보이는 듯 보이지 않는 역사와의 승부라는 말이 정말 와닿는 것 같습니다."

『당장 우리의 현실을 냉정히 다시 한 번 돌아보시기 바랍니다. 실례로 일제 식민지라는 역사, 그리고 파생된 위안부라는 역사 때문에 대한민국과 일본은 외교, 기업 경제, 시장 경제는 물론 국민감정과 의식조차 일대 혼란과 대립, 변화를 심각하게 겪고 있습니다. 독도 문제가 정말 독도의 영유권 문제라고 생각하시나요?』

"그럼 위안부 문제도 독도 문제도 문제의 본질은 따로 있다는 말인가요?"

『다시 한 번 말합니다. 본질이 따로 있는 것이 아니라 본질을 모르고 있다는 것입니다. 따라서 문제가 발생했을 때 그 본질을 제대로 모른다면 문제를 근본적으로 해결할 수 없습니다. 그리고 다시 한 번 말하지만 모든 일은 사람의 일입니다. 따라서 사람을 얻지 못하면 문제의 해결 방법도 얻지 못할 것이나, 사람을 얻으면 해결하지 못할 문제가 없을 것입니다.』

"이제 앞에서 말씀하신 거래去來의 진정한 의미를 희미하게나마 알 것 같습니다. 그럼 현 거론되고 있는 대권 주자 다섯 분 중에 창의적 국가 경영을 가장 잘 하실 것 같은 분은 누구라고 생각하시나요?"

『창의적 국가 경영이 성공하려면 본질을 만날 수 있어야 합니다. 그리고 본질 이전에 사람을 얻는 혜안을 가지고 있어야 합니다. 그러면 문제에 대응하고 해결하는 방법이 절로 보일 것입니다. 그러나 그렇지 않으면 문제를 해결한다고 하면서 새로운 문제를 계속 만들 것입니다.』

"그러면 누가 가장 적임자라고 생각하시나요?"

『앞에서도 이미 종종 설명하였으므로 간단히 정리하겠습니다. 창의적 국정 운영의 사주학적 평가는 이 지사, 안 대표, 윤 전 총장, 정 전 총리, 이 전 총리 순이라고 생각합니다. 그러나 이것은 어디까지나 다섯 분의 사주학적 판단입니다. 그러나 국정 운영은 대통령 혼자 하는 것이 아닙니다. 결국 어느 분이 어떤 최적의 인사를 하느냐 하는 부분이 제외된 것이므로 순서 그대로 국정 운영이 잘 된다는 결론은 아니라는 것을 분명히 합니다.』

"그러면 결국 대통령으로서 어느 분이 국가와 민족, 대한민국의 미래와 남북통일을 위해 당적과 추종자를 떠나 정말 국가와 국민만을 위한 인사를 할 것으로 판단하시나요?"

『질문에 답하기 전에 대통령을 보좌하여 국가의 경영에 동참할 분을 선발하는 것은 대통령의 고유 권한이지만 임명하는 행위만 고유 권한으로 여겨야 한다는 것을 먼저 분명히 합니다.』

"무슨 말인가요? 대통령이 선발하고 지명하지 말라는 의미인가요?"

『대통령을 보좌하여 국가 경영에 참여해야 하는 사람은 잘 아시다시피 한두 명이 아닙니다. 공기업 사장까지 합하면 몇백 명, 아니, 그 이상이 될 수도 있습니다. 그런데 그 다양한 분야의 국가 경영의 책임자를 아무리 대통령이라고 하여도 5000만 명의 국민 중에 적임자를 선발하여 임명한다는 것은 근본적으로 어렵습니다. 그러다 보니, 대통령은 본인의 주변에서, 본인이 속한 당에서, 또는 대학의 교수나 언론인, 법조인 등에서 주로 국가 경영에 동참할 분을 선발하여 임명하고 있습니다.』

"그렇게 하는 것에 문제가 있다는 말씀인가요?"

『당연합니다. 사주학 원론에도 있습니다. 그렇게 하는 것은 옳지 않다는 것을요.』

"예? 사주학 원론에 현재의 인사 정책이 문제가 있다는 내용이 있다고요?"

『사주학에만 있는 것이 아니고, 섭리燮理, 도道, 화두話頭, 깨달음 등의 가르침에 모두 분명하게 명시되어 있습니다.』

"저희는 燮理니 道니 話頭니 깨달음이니 하는 것의 본질을 모르니 쉽게 말해서 어떻게 인사 정책을 해야 하는지만 말씀해주시면 안 되나요?"

『기회가 오면 말할 것입니다.』

"그러면 지금은 기회가 아닌가요?"

『세상에서 가장 힘든 일 중의 하나가 사람의 인식과 고착된 고정관념을 바꾸는 것입니다. 그래서 내로남불이라는 수치스러운 합성어가 미국의 언론에까지 그대로 노출되는 것입니다.』

"사이비 종교에 빠지는 사람도 마찬가지라고 생각합니다."

『그 이외에도 정치판이건, 행정 관료건, 판검사건, 누구 하나 자신들의 인식과 고착된 고정관념을 스스로 바꾸려 하지 않고 상대만 변하라고 합니다. 멈추어 있고, 멈추려 하고, 아니 뒤로 가려고 애쓰는 모습과 다름없지요.』

# 열아홉 번째 강의
# - 미래 대통령의 이상적인 사주 유형

"더욱 강건한 국가를 만들고 국력을 키워 민족의 숙원인 평화적 남북통일에 한 걸음 더 다가갈 수 있는 등 우리의 지난날의 안타까운 대통령 역사를 끊어내기 위한 미래 대통령 사주의 전형적인 예를 들어주실 수 있나요?"

『물론입니다.』

"어떤 방법으로 하시나요?"

『우리의 역대 대통령 중에 제왕 사주면서 가장 대한민국 대통령 사주로 적합한 분이 김영삼 대통령입니다. 따라서 김영삼 대통령 사주를 바탕으로 하면 가능할 것입니다.』

"매우 흥미로운 설명이 될 것 같습니다."

『다음의 사주를 보시기 바랍니다. 제가 준비한 사주입니다.』

|  홍길동 사주  |
| :---: |
| 甲 己 戊 丙 |
| 午 巳 子 辰 |

『가상의 미래 대통령 이름을 홍길동이라고 명명하였고 그 사주를 표와 같이 기록하였습니다.』

"그러면 앞으로 홍길동과 김영삼 대통령의 사주를 비교 분석할 것인가요?"

『그렇습니다. 그러면 아마도 사주학을 잘 모르는 여러분들도 이해가 쉬울 것으로 생각합니다.』

"그럼 홍길동의 오행 분석부터 하겠네요?"

『예, 홍길동의 오행 기운의 비율을 분석하면, 일간 土 기운은 약 32.5%, 인성 火 기운은 약 29.4%, 식신 金 기운이 약 5.6%, 재성 水 약 기운 20.6% 관성 木 기운 약 11.9%입니다. 따라서 일간과 일간을 돕는 인성의 기운이 매우 강하여 전체 기운의 약 61.9%가 됩니다.』

"그러면 용신은 무엇인가요? 신왕 사주이니 관성이 용신인가요?"

『그렇게 판단하면 안 됩니다. 이 사주는 종격 사주 중에 종왕격으로 일간 土 기운이 용신이 됩니다. 따라서 인성 火 기운은 희신, 관성 木 기운은 기신, 재성 水 기운은 구신仇神, 식신 金 기운은 구신求神이 됩니다.』

"그러면 土, 火, 金 기운에는 운이 좋고, 水, 木 기운에는 운이 나쁘다고 할 수 있겠네요?"

『일단 사주학 원리에 따르면 그렇습니다. 그러나 이 사주는 아직도 오행에서 살필 것이 여럿 있으므로 그것을 모두 살핀 후에 최종 판단을 해야 합니다.』

"무엇을 더 살피나요?"

『이 사주의 월간에 보면 己 土가 있습니다. 대한민국 대통령 사주의 필요충분조건인 己 土가 사주 속에 분명하게 있습니다.』

"김영삼 대통령 사주에도 己 土가 있었다고 기억하는데요?"

『그렇습니다. 김 대통령 사주에도 己 土가 일간에 있습니다. 그리고 그냥 己 土가 있는 것이 아니라 기신인 관성 木과 합을 이루어 용신과 같은 운이 되어 나쁜 운이 좋은 운으로 바뀌는 기막힌 운이 홍길동 사주에도 있고, 김영삼 대통령 사주에도 있습니다.』

"그것이 무슨 말씀인가요?"

『홍길동 사주의 연간에 甲이 있고, 김영삼 대통령 사주의 시간에 甲이 있습니다. 이 甲은 강력한 木 기운으로 두 사주 모두에게 관성으로 기신 악운입니다. 그러나 사주에 있는 己 土와 갑기합토甲己合土를 이루어 용신 운 土가 되었습니다. 그래서 최악의 악운이 최고 좋은 운으로 변했다는 것입니다.』

"아! 두 사주 모두 절묘하군요!"

『좋은 것은 여기서 끝나는 것이 아닙니다.』

"무엇이 또 있나요?"

『두 사주 모두 관성이 기신 악운이라 관운과 인연이 없는 것처럼 보일 수 있는데, 이렇게 甲己合土가 되면서 관성 운이 오히려 좋아져서 관운이 흥興하게 되었다는 것입니다.』

"그러니까 한마디로 관운이 없었는데 관운이 좋아졌다는 말씀인가요?"

『즉답한다면 그런 의미입니다.』

"그러면 이 홍길동 사주 역시 김 대통령과 마찬가지로 진용신인가요?"

『그렇습니다. 진용신입니다.』

"그러면 홍길동 사주와 김 대통령 사주 둘 중에서 어느 쪽이 더 용신의 힘이 강한가요?"

『용신과 일간의 힘만을 비교하면 김 대통령이 더 강합니다. 이것을 수치로 표시하면 약 58 : 37 정도가 됩니다.』

"역시 김 대통령이 더 좋으시군요."

『그러나 용신을 돕는 희신까지 고려한다면 상황은 바뀝니다. 희신 역시 용신을 적극적으로 돕는 기운이므로 제2의 용신이나 다름없습니다.』

"비율이 어떻게 되는데요?"

『약 65 : 62로 김 대통령이 약간 우세하게 됩니다.』

"또 있나요?"

『예, 있습니다. 홍길동 사주에는 자화간합이 두 개나 있습니다. 따라서 자화간합으로 인하여 희신 운이 증가하고 악운인 기신 운이 줄어듭니다.』

"얼마나 희신 운이 증가하나요?"

『약 14.3% 정도 늘어납니다. 따라서 이 수치를 고려하면 김 대통령과 홍길동의 용신과 희신 비교치는 약 65 : 76이 되어 역전이 됩니다.』

"그러면 최종적으로 홍길동과 김 대통령의 좋은 운의 비교는 어떻게 되나요?"

『중간 과정을 생략하고 결과만 말씀드리겠습니다. 88 : 79로 홍길동이 우세합니다.』

"그러니까 홍길동의 전체 운 중의 88%는 좋은 운이고, 12%만 나쁜 운인데, 김 대통령은 좋은 운이 79%고 나쁜 운이 21%라는 말씀인가요?"

『그렇습니다.』

"정말 강력한 운이고 제왕 사주가 아닐 수 없네요. 김 대통령 사주도 99% 제왕 사주라고 말씀하셨는데 홍길동의 사주는 그보다 더 강하고 좋으니 가히 제왕 사주가 틀림없네요."

『참고로 홍길동과 김 대통령 사주에서 흥미로운 내용이 있습니다.』

"무엇인가요?"

『두 사주 모두 甲 己가 있다고 하였고 甲 木이 있어 甲己合土가 되어 악운 木이 아주 좋은 관운으로 바뀌었다고 하였습니다.』

"예, 그렇게 설명하셨습니다. 그런데 무엇이 흥미롭다는 건가요?"

『김 대통령의 甲은 관성 중의 정관이고, 홍길동의 甲은 편관입니다. 즉 김 대통령은 정관이 合이 되어 좋아졌고, 홍길동은 편관이 合이 되어 좋아졌다는 말입니다.』

"정관 合과 편관 合에 어떤 차이가 있나요?"

『물론입니다. 그러나 설명하려면 긴 시간이 필요하므로 간단히만 답하겠습니다. 편관이 정관보다 힘이 훨씬 강합니다. 사주학 용어로 칠살이라고 할 정도로 편관의 힘이 강하고 억셉니다. 따라서 강한 힘의 편관을 合하여 좋은 운으로 바꾼 홍길동의 용신 힘이 정관을 合한 김 대통령의 용신 힘보다 더 강하다고 할 수 있다는 것입니다.』

"그러면 대한민국 대통령 사주의 필요충분조건인 재임 기간 중의 운은 어느 쪽이 더 좋은가요?"

『홍길동은 현재 누구인지 국민 모두 모르므로 이 홍길동을 찾아 대선에 나서게 하려면 빨라야 다음 대선이라고 생각합니다. 따라서 다음 대선을 기준으로 재임 기간 중의 운을 살피겠습니다. 다음 대선과 대통령 취임은 2027년 丁未년입니다. 그리고 당선된다고 가정하면 5년간 재임하므로 2028년은 戊申, 2029년은 己酉, 2030년은 庚戌, 2031년은 辛亥입니다. 그리고 김영삼 대통령이 재임한 5년간의 연운은 93년 癸酉, 94년 甲戌, 95년 乙亥, 96년 丙子, 97년 丁丑입니다. 이제 이 사람의 재임 기간의 운을 비교표로 만들어 보겠습니다.』

홍길동 재임 운: 재임 기간 중의 대운은 丁丑(좋은 운 : 나쁜 운)

|  | 丁未 | 戊申 | 己酉 | 庚戌 | 辛亥 |
|---|---|---|---|---|---|
| 운 | 100 : 0 | 100 : 0 | 100 : 0 | 100 : 0 | 60 : 40 |

김 대통령 재임 운: 재임 기간 중의 대운은 辛未 2, 임신 3

|  | 癸酉 | 甲戌 | 乙亥 | 丙子 | 丁丑 |
|---|---|---|---|---|---|
| 운 | 77 : 23 | 100 : 0 | 8 : 92 | 33 : 67 | 30 : 70 |

"비교표를 보니 재임 기간 중의 운이 많이 차이가 있네요?"

『그렇습니다. 보시는 그대로입니다.』

"그런데 김 대통령의 재임 마지막 연도의 운이 왜 30 : 70으로 나쁘게 기록되어 있나요?"

『앞의 설명을 잊으신 것 같은데 연운 丁丑은 물론 김 대통령에게 매우 좋은 운입니다. 그러나 丑이 김 대통령 사주 속의 未와 만나 충을 이루어 좋은 운이 악운으로 변했기 때문입니다.』

"그러면 홍길동의 재임 기간 중 마지막 해는 운이 다른 재임 기간과 비교하여 그렇게 좋지 않은데요?"

『그래도 나쁜 운이 아니며, 이미 설명한 것처럼 일간과 용신이 매우 강하고 좋은 운이 전체의 88%를 차지하고 있으므로 운이 조금 떨어진다고 큰 영향 받는 것은 아닙니다. 김영삼 대통령 역시 취임 3년 차, 4년 차에 운이 매우 나빴으나 무사히 임기를 마쳤다는 것을 생각하시면 이해가 빠를 것입니다.』

"이제 이 사주의 주인공을 찾는 일이 남았네요."

『하하하. 국운과 섭리가 일러 줄 것입니다.』

열아홉 번째 강의 - 미래 대통령의 이상적인 사주 유형 **179**

## 스무 번째 강의
## – 현 정부 남은 임기를 위한 사주학적 조언

『이제 마지막 강의를 하려고 합니다. 강의 제목은 현 정부 남은 임기를 위한 사주학적 조언입니다.』

"매우 부담스러운 강의라고 생각하는데 결심하신 이유가 있으신가요?"

『국가와 국민, 그리고 우리의 역사를 위해서라면 국민 누구나 나설 수 있다고 생각합니다.』

◇ 남북 정책

『현 정부는 정부 출범과 거의 동시에 북미 회담, 남북 정상 회담을 적극적으로 추진하였고 어느 정도 성공하는 듯 보였습니다. 그러나 4년이 지난 지금은 용두사미 격이 되고 말았고 트럼프 전 미국 대통령은 한국 정부를 대놓고 비난하는 웃지 못할 상황까지 발생하였습니다. 왜 이렇게 되었을까요?』

"앞의 설명에서 약간 거론하셨던 것 같은데요?"

『그렇습니다. 명분도 분명하고 반드시 해야 하는 일인데 결과가 어긋난 데에는 몇 가지 원인이 있습니다. 첫 번째는 산물로 섭리를 움직이려 했기 때문이고, 두 번째는 틀어질 수 있는 生의 관계가 틀어지지 않도록 하지 못했다는 것이며, 세 번째는 산물적 접근과 실천의 전략이 치밀하지 못했다는 것입니다.』

"첫 번째 원인은 구체적으로 무엇인가요?"

『사주학적으로 판단할 때 트럼프 대통령과 김정은 위원장은 애당초 인연이 없는 사람입니다. 그런데 우리 모두를 헷갈리게 하는 것은 인연이 있는 것처럼 보인다는 것입니다. 그래서 아마 현 정부도, 트럼프도, 김정은도 이 신기루 같은 현상에 깜빡 속았을 것 같다는 생각이 듭니다. 즉 인연이 없는 사람끼리 만나 인위적으로 좋은 인연을 만들려고 하였기에 산물로 섭리를 움직이려 했다고 한 것입니다. 그리고 사주학적으로 트럼프와 김정은 사이에 다리 역할을 할 수 있는 인연이 현 정부에게는 없습니다. 그런데 다리 역할을 하려고 하였습니다. 이 또한 산물로 섭리를 움직이려고 한 것입니다.』

"그럼 두 번째 원인인 틀어질 生은 무엇인가요?"

『현 정부와 북한과는 인연이 있습니다. 그러나 그것은 조건을 가지고 있습니다. 따라서 인연의 결실을 정말 얻으려면 生의 인연이 틀어지지 않고 사라지지 않도록 고도의 전략 수립과 실천이 따라야 합니다.』

"그 고도의 전략과 실천이 무엇인가요?"

『결과론처럼 들릴지 모르겠지만 사주학적으로 간단히 말해서 남북 대화와 진전에 트럼프를 끌어들일 것이 아니라 중국과 러시아를 불러들여야 했다는 말입니다.』

"그러나 현실적으로 미국을 배제하고 중국과 러시아와 논의한다는 것은 쉽지 않지 않나요?"

『그 난관을 풀 능력이나 여건이 안 되었으면 차라리 미국을 끌어들이지 않고 남북끼리만 대화하고 대화를 진전시키는 실천을 현실적으로 하는 것이 더 바람직한 성과를 낼 수 있었을 것입니다.』

"결국, 애당초 인연도 없는 북한과 미국을 공연히 끌어들여 성과도 얻지 못하고 남북 간의 신뢰마저 잃는 결과를 만들었다는 얘긴가요?"

『그렇습니다. 그러다 보니 인제 와서는 북한도 트럼프도 현 정부를 비난하는 상황이 되고 만 것입니다.』

"만일 당시 현 정부가 중국이나 러시아와 함께하려고 했다면 가능했고, 성과도 있었을까요?"

『지금이라도 가능할 것입니다. 그리고 중국이나 러시아가 아니고 중국과 러시아입니다.』

"미국의 도움을 받는 방향은 어떨까요?"

『북한과 바이든 정부는 인연이 없습니다. 따라서 지금이라도 현 정부가 진정한 거생을 병행 실천하면 성과가 있을 것입니다.』


◇ 주요 국가와의 외교 정책

"미국의 바이든 정부와 현 정부는 어떤가요?"

『바이든 정부와 현 정부는 인연이 크게 없습니다. 즉 미국은 한국을 여러 면에서 부담스러워 할 것입니다. 그렇다고 한국을 외면하지는 못하니 한국을 마치 계륵처럼 여길 가능성이 큽니다. 따라서 미국은 원론적이고 보수적인 방향으로 한국을 상대하려고 할 것입니다.』

"그러면 현 정부는 어떻게 해야 하나요?"

『중국을 미국과 한국 사이에 교량으로 삼아야 합니다.』

"러시아와 중국이 아니고 중국만을 미국과 한국 사이의 다리로 만들라는 말인가요?"

『그렇습니다.』

"그게 현실적으로 가능한가요? 그리고 조금 전에는 러시아와 중국이라고 말씀하셨는데요?"

『사람의 일입니다. 그리고 조금 전 답변은 트럼프 정부 시절이고 지금은 바이든 정부입니다.』

"그럼 일본과는 어떻게 되나요?"

『아베 정부의 일본은 현 정부에게 상극이었습니다. 그것도 일본이 우리를 훼 하는 상극이므로 원만한 관계를 만들기 어려웠습니다. 그러나 스가 정부는 현 정부와 상생입니다. 그것도 내생來生의 상생이므로 거생去生의 실천을 먼저 한다면 좋은 성과를 얻을 것입니다.』

"일본에 무언가를 양보하거나 준다고 하면 국민감정이 용납할까요?"

『국민감정을 다독이며 해야 할 일을 하는 것이 정부의 능력이고 책임이라고 생각합니다.』

"그럼 러시아와는 어떤가요?"

『러시아와 현 정부는 좋은 인연입니다. 따라서 러시아와 좋은 인연을 외교적으로, 경제적으로 잘 활용한다면 북한과의 여러 현안을 푸는 데도 적지 않은 도움이 될 것입니다.』

"중국과 현 정부는 어떤가요? 과거 사드 배치로 인한 불협화음이 적지 않았는데요?"

『중국과 현 정부는 원래 인연이 있었습니다. 따라서 지혜로운 전략으로 처음부터 중국과의 관계를 만들었으면 남북문제도 성과가 있었을 것이고 여러 불협화음도 막을 수 있었을 것입니다.』

"그럼 결국, 현 정부와 트럼프 정부가 인연이 없었다는 말인가요?"

『트럼프 정부와 인연이 전혀 없는 것은 아닌데. 다만 그 인연 속에 현 정부를 힘들게 하는 요인이 적지 않게 있었다는 것이 사주학적 판단입니다. 그래서 아마도 현 정부도 트럼프 정부를 상대하면서 참으로 어려움이 많았을 것이라는 생각입니다.』

◇ 부동산 정책

"현 정부의 가장 힘든 일 중의 하나가 부동산 문제라고 생각합니다. 그런데 사주학적으로 현 정부는 부동산 정책과 인연이 없나요?"

『아닙니다. 현 정부는 부동산과 인연이 있습니다.』

"그 말씀은 부동산 정책의 실패의 이유가 따로 있다는 것인가요?"

『아직 임기가 남아 있으므로 성패를 논하는 것은 적절치 않다고 생각합니다. 그러나 지금까지의 부동산 정책을 실패라고 한다면 원인이 분명히 있습니다.』

"그것이 무엇인가요? 그것도 인연이 있는 부동산 정책이 왜 이렇게 되었는지 정말 궁금하군요."

『세상일 모든 것이 사람의 일이라고 여러 번 말했습니다. 그리고 좋은 운이 있을 때 그 좋은 운을 얻으려면 반드시 99%의 노력을 해야 한다고 하였습니다.』

"사주학적으로 조금 더 설명하여 주시면 좋겠습니다."

『한 국가의 부동산 정책의 성패는 국가 경영에 매우 중요합니다. 따라서 부동산 관련 정부 기관과 산하 기관의 책임자 임명과 정책 수립, 그리고 정책의 실천과 관리는 여느 국정 못지않게 중요합니다. 그런데 현 정부는 출범 초기부터 반드시 가져야 하는 이런 인식에 어긋남이 있었던 것으로 판단합니다.』

"어떤 이유로 그렇게 판단하시나요?"

『단적으로 지난 4년간 스무 번이 넘는 부동산 정책 변화가 바로 그 실례입니다.』

"아! 그러면 어떤 분이 부동산 정책 관련 개별 기관의 책임자가 되어야 하나요?"

『사주학적으로 우선 말한다면 편관성이 용신이나 희신인 사람이 되어야 합니다.』

"그렇다고 장관 등 각 기관의 책임자를 선발하고 임명하면서 사주를 볼 수도 없는 것 아닌가요?"

『물론입니다. 그러나 사주가 아니어도 얼마든지 국가 부동한 경영의 적임자를 판단하는 방법은 여럿 있습니다.』

"결국, 현 정부의 부동산 정책의 아쉬움은 부동산 관련 주요 기관에 적임자를 적기에 임명하지 못하고 또 제대로 정밀하게 관리하지 못했기 때문이군요."

『그렇습니다. 그래서 안타깝게도 좋은 인연이 있는 국가 부동산 경영을 스스로 어렵게 만드는 어리석음을 범하고 만 것입니다.』

"그러면 이제 어떻게 해야 하나요?"

『국가 부동산 관련 모든 주요 기관의 책임자를 다시 정밀하게 점검해야 하고, 부동산으로 인한 잘못된 일들을 모두 제대로 발굴하여 적법하고 신속하게 처리해야 할 것입니다.』

"역시 세상일은 사람의 일이군요!"

『또한, 섭리의 흐름입니다.』

◇ 사회 공정성

『현 정부는 적폐 청산을 내세우며 공정을 바탕으로 출범한 정부입니다. 또 사주학적으로 그렇게 할 수 있는 인연도 충분히 있습니다.』

"그런데 왜 내로남불이라는 말이 그대로 영어로 옮겨져 외국 언론에까지 기사화되는 수모를 당하고 있나요?"

『역시 지금까지 좋은 인연을 현 정부의 것으로 만들지 못했기 때문입니다.』

"좋은 운이 있을 때 그 좋은 운을 본인 것으로 만들려면 본인의 노력이 99%라는 말이 또 생각나는군요."

『그렇습니다. 분명 좋은 인연이 있었고 지금도 있습니다. 그러나 본인이 그 좋은 인연을 자기 것으로 만들려고 뼈를 깎는 노력을 하지 않으면 아무 소용이 없는 인연이 됩니다.』

"그러면 어떻게 해야 하나요?"

『이제부터라도 뼈를 깎는 노력을 해야지요. 노력으로 얻을 수 있는 것은 반드시 노력해야 얻습니다. 그 이외에 다른 방법은 없습니다.』

"어떻게 말인가요?"

『현 정부의 기존 생각과 인식과 습관을 천지가 개벽할 정도로 바꾸고 실천해야 할 것입니다. 생각과 인식의 변화가 없는 노력은 신기루를 따라 오아시스를 찾으려는 것과 다름없지요.』

"어려운 일이 아닌가요?"

『어렵다는 생각은 있어도 어려운 일은 없습니다.』


◇ 검찰 개혁

"현 정부가 출범 후 지금까지 추진하고 있는 것이 검찰 개혁입니다. 사주학적으로 이 검찰 개혁을 어떻게 생각하시나요?"

『개혁의 본질 중 첫 번째는 개혁은 섭리에 가깝다는 것이고, 두 번째는 내가 상대에게 하는 것이 개혁이 아니고, 개혁 대상이 스스로 하는 것이며, 세 번째는 개혁을 내세우는 사람이 먼저 개혁해야 한다는 것입니다.』

"아! 지금 충격에 가까운 가르침을 들은 것 같습니다."

『현 정부가 말해야 할 것을 지금 수강하시는 분이 하신 것 같습니다. 법은 수단입니다. 섭리도, 깨달음도 아닙니다. 그리고 수단은 산물에 불과합니다. 따라서 산물로 무언가를 완성하려고 하면 그것은 그렇게 하려는 인간의 오만이자 어리석음입니다. 오만과 어리석음으로는 아무것도 할 수 없고, 또 해서는 안 됩니다.』

"말씀이 어려운데요?"

『실례를 들겠습니다. 돈은 중요합니다. 누구에게도, 동서고금, 지위 고하를 막론하고 모두 좋아하고 중요하다고 생각합니다. 그러나 돈이 지배하는 국가나 사회는 좋아하지 않습니다. 이유가 무엇인지 아시나요?』

"…."

『돈이 산물이기 때문입니다. 명예는 누구나 갖고 싶은 것입니다. 그러나 명예가 지배하는 세상을 원하는 사람은 아무도 없을 것입니다. 이유가 무엇일까요?』

"명예 역시 산물이기 때문입니다."

『그렇습니다. 권력 또한 마찬가지입니다. 필요하고 좋지만, 권력이 지배하는 사회를 원하는 사람은 아무도 없습니다. 권력 역시 산물이기 때문입니다. 그러나 깨달음, 사랑, 배려 등이 지배하는 사회는 누구나 원합니다. 그것들 모두는 산물이나 산물 밖의 일이기 때문입니다. 따라서 법이 지배하는 사회, 법이 판을 치는 국가는 어긋난 사회요, 그릇된 국가입니다. 그런데 얼마 전 대법원장이라는 분이 법이 지배하는 사회를 만들자고 공공연히 떠들더군요. 그러면 삼성의 이 부회장 등 재벌들이 돈이 지배하는 사회를 만들자고 해도 되는 것 아닌가요? 손흥민, 안정환, 박지성 등등이 축구가 지배하는 국가를 만들자고 하고, 박세리 등이 나서서 골프가 지배하는 사회를 만들자고 하는 것은 안 되나요? 산물은 무엇이 되었건 인간을 지배하면 안 됩니다. 산물이 지배하는 사회는 잘못된 것입니다. 불경도, 사주학도, 성경도, 논어, 맹자도, 세종대왕, 안중근, 김구, 충무공 등등 수많은 선열도 이것을 후손인 우리에게 보여주었고 오늘도 가르치고 있습니다. 그런데 현 정부도, 대법원장도 법을 내세우고 있고, 법의 지배를 공공연히 떠들고 있습니다. 자칫 개혁이라는 잣대의 대상 속으로 스스로 들어가려고 노력하는 것 같습니다. 이제 현 정부 검찰 개혁의 결론을 말씀드립니다. 사주학적으로 현 정부는 검찰 개혁을 할 수 없습니다.』

"이유가 무엇인가요?"

「용신과 일간이 약하고 제왕 사주가 아니기 때문입니다.」

"즉 안 되는 일을 하려고 했고, 하고 있다는 말씀이네요?"

「검찰은 법과 조직이라는 산물을 바탕으로 막강한 산물적 힘을 가지고 있습니다. 그 막강한 힘을 제어하고 조정하려면 더 막강한 힘이 필요합니다.」

"더 강한 제압이 필요하다는 말인가요?"

「아닙니다. 산물을 산물로 제어하려 한다면 충돌만 생깁니다. 따라서 산물의 힘이 아닌 섭리의 힘, 剋의 힘이 아닌, 生과 슴의 힘, 바로 그 힘으로 해야 합니다. 그러나 현 정부는 그런 힘이 애당초 없는 데다, 이 이치도 모르는 것 같습니다. 그러니 분란과 괴리, 분열과 대립만 남길 수밖에 없는 것입니다.」

"그러면 이제라도 어떻게 해야 하나요?"

「스스로 섭리의 이치를 깨닫고, 산물의 한계를 얻어야 할 것입니다.」

"매우 어려운 일 아닌가요?"

「국가의 미래와 국민과 우리의 역사만을 생각하면 어려운 일도 아닐 것입니다.」

"그렇다고 검찰에 문제가 없는 것은 아니지 않나요?"

「물론 있습니다. 그러나 문제 여부만 따지면 검찰만의 일은 아닐 것입니다. 그리고 앞에서도 잠깐 말했듯이 강한 힘을 제어하고 조정하려면 더 강한 힘이 필요합니다. 산물의 힘이 아닌 섭리의 힘 말입니다.」

"원만한 검찰 개혁을 위한 구체적인 방법을 사주학적으로 제시할 수 있나요?"

「이미 많은 것을 충분히 알려드렸습니다.」

"그래도 더 구체적인 방법이 필요할 것 같은데요."

「불 속에서 무럭무럭 자라는 고드름을 보세요!」

# 마무리 글

산을 오르며 산 오른다고 생각하면
산을 오르는 것이 아니라 산을 오르는 것이고
강을 건너며 강 건넌다고 여기면
강을 건너는 것이 아니라 강을 건너는 것이다.

- 설암 -


雨中滿谷無一滴
萬山樹草無一葉
一滴一葉又一無
開門出空踏一足


온 계곡에 비 내려도 물 한 방울 없고
일만 산 나무와 풀에 이파리 한 장 없구나
물 한 방울, 이파리 한 장 또한 없음이니
문 열고 빈 곳으로 나가 한 걸음 걸어 보라.

- 설암 -